中华民族史记

第二卷

天下万邦

徐杰舜◎主编

徐杰舜 余淑玲◎著

海峡出版发行集团

福建教育出版社

图书在版编目（CIP）数据

天下万邦/徐杰舜，余淑玲著． —福州：福建教育出版社，
2014.8
　（中华民族史记/徐杰舜主编；2）
　ISBN 978-7-5334-6509-4

Ⅰ．①天… Ⅱ．①徐… ②余… Ⅲ．①中华民族—民族
历史—三代时期—通俗读物　Ⅳ．①K28-49

中国版本图书馆 CIP 数据核字（2014）第 150592 号

《中华民族史记》总目

目 录

天
下
万
邦

夏、商、周崛起

　　在中华民族形成初期，由炎黄、东夷、百越、苗蛮、戎狄等组成的天下万邦，经过长期的磨合，终于在约公元前2070年整合成夏族。在此后470多年间，夏族建立的夏朝西起今河南西部和山西南部，沿黄河东至河南、河北、山东三省结合部，南接湖北，北入黄河中游河洛流域的黄土地带。夏代定九州，安雅言，以铜为兵，农率均田，发展灌溉耜耕农业，制夏历。文化上，"夏道遵命，事鬼敬神而远之"，崇拜祖先，信奉死生由命、富贵在天，民风淳朴。

　　从公元前1600年到公元前1046年，商族建立的商朝历时554年。商朝范围大致包括今河南、山东、河北、山西、陕西、安徽、辽宁，以及湖北、湖南、浙江、江西、四川、内蒙古的一部分。商代划五方，行甲骨文；发展灌溉农业，用牛拉犁，栏养六畜；开始用货贝交易，贸易便利，市肆繁盛。文化上，"殷人尊神，率民以事神，先鬼而后礼"，信奉对祖宗一元神的崇拜，创造了辉煌的青铜文化。

公元前 1046 年，武王克商，周族崛起。西周王朝历时 275 年，是一个多民族的国家，除夏、商、周族以外，还有蛮、夷、戎、狄诸族。大规模分封诸侯和井田制的实行，使得"普天之下，莫非王土；率土之滨，莫非王臣"。在文化上，西周崇拜二元的上帝神和祖先神，把宗教观念上的敬天延伸为伦理观念上的敬德，实行宗法制和礼乐制度。

天下万邦在中华大地上闪亮登场，夏、商、周脱颖而出，最后成为主角。夏、商、西周——三幕大戏共演出了 1299 年！中华民族最基础的宗教信仰、价值观念、节庆礼仪、衣食住行习俗，都在这一时期形成，中华文化的核心内涵也在这一时期奠基。

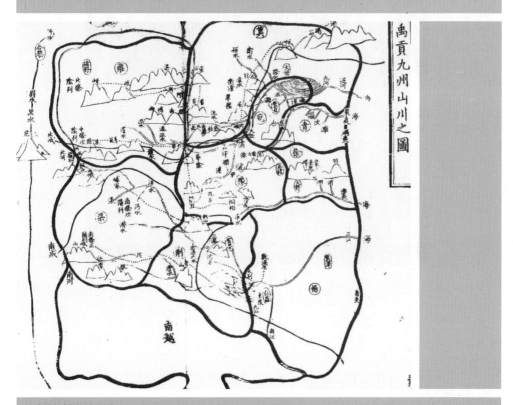

禹贡九州山川之图

南宋嘉定二年(1209)雕版墨印。图中主要表示了禹贡九州(冀、兖、青、徐、豫、杨、荆、雍、梁)和宋代州郡的山脉、河流、湖泊和周边"四夷"等，一些重要地名及九州界线都注有文字说明，为古今（宋代）对照的历史地图。中国国家图书馆藏。

1. 尧舜禹服南蛮易其俗

彩绘龙盘
山西襄汾县陶寺龙山文化遗址出土。学术界认为这条蛇形龙是华夏民族中心区域的徽标，是陶寺方国的"国徽"，是中原地区龙图像最早的标本，也是中华文明起源、国家起源的重要文化象征。

传说尧90岁禅让于舜，118岁去世。

尧是一个有道德而又聪明的人，接近他如太阳般和煦，远望他如云彩般绚丽。他富有而不骄纵，显贵而不惰慢；戴黄色冠冕，穿黑色士服，乘红色车，驾白色马。他弘扬顺从的美德，使亲族敦厚团结；亲族和睦了，又明确百官各自的职守；百官治绩卓著，也就亲和团结了天下诸侯。

有一天，尧对四方诸侯说："我在位70年了，你们来接替我的王位吧！"

大家回答："我们鄙陋的德行，会玷

人面形玉牌饰

湖北天门市肖家屋脊石家河文化遗址出土。有学者认为距今约4600~4000年的石家河文化是三苗创造的。玉制人头像是石家河文化的代表性器物之一，它们可能是石家河先民尊奉的神或巫师的形象。荆州博物馆藏。

污王位的。"

尧说："那么你们推荐吧。无论是显贵的亲戚，还是没有关系的隐居人士。"

大家同声说："有一个没结婚的平民叫虞舜的可以。"

尧准备把盟主的位子让给舜，有些族群不服。生活在长江中下游一带（今洞庭湖至鄱阳湖之间）的三苗等南蛮族群举兵反对。尧发兵与苗战于丹水，迅速平息了事态。

舜请求尧把共工发配到幽陵（今北京），以顺化北狄；把和共工一起作乱的欢兜放逐到崇山（今湖南张家界西南），以顺化南蛮；把三苗迁徙到三危（一说在今甘肃境内，一说在云南），以顺化西戎；把鲧充军到羽山（今江苏东海县和山东临沭县交界处），以顺化东夷。从此，天下人心悦诚服。

尧对舜进行了多方面的考察，认为舜是一个德行很好的人。尧知道自己的儿子丹朱不贤，不能把天下传给他。尧经过很久的权衡，他想：把天下传给舜，全天下都可以得到好处，只有丹朱痛苦；传给丹朱，全天下都痛苦，只是丹朱一个人得到好处。总不能以全天下人的痛苦去造福一个人

>>>小贴士

尧　中国古代五帝之一。他是黄帝后代帝喾（kù）的儿子，伊祁氏，本名放勋。帝喾去世后，放勋的长兄挚继承帝位，放勋13岁开始辅佐挚，封于陶地，15岁改封唐地，所以号"陶唐氏"。18岁时，放勋受挚禅让即帝位，帝号尧，因初封于唐，即以唐为国号，后人也称其为"唐尧"。尧以蒲阪为都，后迁平阳。

文字扁壶

山西襄汾县陶寺遗址出土。扁壶上有两个朱书字符，一个是"文"字，另一个字符学术界争议较大，有尧、易、命、邑、唐等解释，均与唐尧、夏禹或夏启有关。它为中国古代文明探源提供了极其重要的物证。

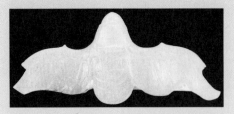

鹰形玉饰

湖北天门市肖家屋脊石家河文化遗址出土，荆州博物馆藏。

>>>阅读指南

《史记·五帝本纪》。

张建合：《尧舜禹演义》。山西人民出版社，2009年3月。

吧？于是，他把盟主之位传给了舜。

舜成了盟主，三苗等族群的首领不愿顺从，并公开反对，舜便派禹去征讨三苗。经过30天的战斗，苗民还是不服。这时，有一个叫伯益的人对禹说："施德可以感动上天。舜帝先前到历山去耕田的时候，天天向上天哭泣，向父母哭泣，自己负罪引咎。至诚感动了神明，何况这些苗民呢？"

禹拜谢还师后，向舜说了伯益的建议，于是舜大施文德，修明政治，停息兵事，还手持盾牌、斧子和羽翳（yì）跳文舞，终于以德感化了三苗。

禹继位后，三苗还是大乱了。公元前2106年，禹亲自执天赐之玉钺征三苗，获胜，从此三苗逐渐被整合进了夏族之中。

>>>寻踪觅迹

陶寺龙山文化遗址 位于山西襄汾县陶寺村，年代约公元前2500年~前1900年。许多学者认为这里就是远古时期"尧都平阳"所在地。相关文物收藏于山西博物院等地。

尧庙、尧陵 在山西临汾市。临汾古称平阳，因尧在此建都，故称尧都，城南有尧庙，城东筑尧陵。尧庙始建于西晋，现已成为纪念尧、舜、禹三位先祖的国祖庙。尧陵祠宇建于唐之前，历代均有修葺，现存为明清时代建筑。

2. 舜帝南巡，二妃泪洒斑竹

著名画家傅抱石有感于二妃的故事，一生先后画了十余幅《二湘图》

二妃泪洒斑竹的故事，说的是舜南巡的事。

相传舜让位给禹时已 83 岁，这时他仍按照部落联盟的原始传统出外巡守。在古书中"巡守"又作"巡狩"，就是狩猎。

大约在让位给禹 17 年之后，舜率军巡守，还带上了他的两个妻子——娥皇、女英。他们一路上走走停停，由北向南跨过长江，来到了湘水边。二妃见湘水两岸长满了青青的竹子，非常喜欢，于是舜就把她俩留在湘水边上等候，自己率军继续向南巡守。

舜巡守到湖南苍梧之野时突然得病死了。凶信传到湘水边，两位等候的妃子抚竹痛哭。她们哭得眼中流出了鲜血，血泪洒在青竹上，留下了斑斑痕迹。最后，泪也哭干了，她们双双跳入湘江中。后人为了纪念她们，就把生长在湘江流域一带一种皮带斑点的竹子叫"斑竹"，又叫"湘妃竹"，认为这是二妃的血泪所染。

>>>阅读指南
郑国茂：《舜帝之谜》。人民出版社，2007 年 3 月。
李生顺：《有虞舜帝》。湖南人民出版社，2005 年 9 月。

>>>小贴士

舜 中国传说中父系氏族社会后期部落联盟领袖，名重华，因生于姚墟，故姓姚。他受尧的禅让称帝，国号"有虞"，故号为"有虞氏"。帝舜、大舜、虞帝、舜帝都是他的号，后世简称为舜。舜帝统治时期，政治清明，社会安定，五谷丰登，人民安康，政治、经济、文化都迅速发展。

>>>寻踪觅迹

湖南岳阳君山 洞庭湖中的一个小岛，名胜古迹众多，有中国最早的摩崖石刻、星云图、湘妃祠、二妃墓等，二妃墓周围长满斑竹。

3. 鲧做上门女婿

湖北武汉市江滩公园雕塑：鲧治水未成被杀，死不瞑目

>>>小贴士
尧舜禹时代 相当于距今四五千年前的龙山文化时期。尧舜禹时代，国家实行禅让制，社会呈现"箫韶九成，凤凰来仪"的美好景象，是中华文明承前启后、继往开来的辉煌时代。

鲧(gǔn)是上古时期的一个重要人物，传说他也是黄帝的后代，为颛顼(Zhuānxū)之子，最早被封于崇，即今河南嵩县。

鲧长大成人后，发生了一件对于鲧和正在整合的夏族来说都有重大意义的事，那就是鲧与有莘氏的联姻。有莘氏属于羌族群，夏羌联姻不是一般意义上的婚姻，意味着夏羌建立同盟关系。

有意思的是，夏羌联姻不是鲧娶有莘氏之女，而是鲧给有莘氏做上门女婿。这在父权已确立的尧舜时代是非同寻常的一件事，它打破了常规习俗，使夏人

湖北武汉市江滩公园雕塑：大禹出世

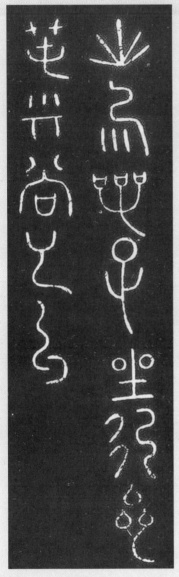

夏禹书

传说为大禹所制书体或所书字迹,总共只有12个字。目前的研究结果认为其中五个字是古彝文,七个字是甲骨文。千百年来无任何识别出的释文流传下来,是至今无法破解的重要古文字之一。

向西部深入到羌人内部。鲧与有莘氏之女志氏结婚后所生之子,就是大名鼎鼎的禹。禹姓姒(sì),正是母亲有莘氏的姓,所以《后汉书·戴良传》说"大禹出西羌"。从此之后,夏与羌之间一直保持着联姻关系。

在神话传说中,由于洪水为害,尧命鲧去治水。鲧用堵塞的办法,治水失败被杀。另一种说法认为鲧是个天神,因同情人间百姓为洪水所害,私自下界治水,还让神鸟去天帝那里偷息壤——一种能生长不息、阻止洪灾的神土。天帝知道后,将息壤收回,并处死了鲧。鲧壮志未酬,死后尸体居然三年不腐烂。天帝派祝融用刀剖开鲧的尸体,禹从里面蹦了出来,鲧才化为黄龙飞走了。禹后来继承父业,并且治水成功。

后世把鲧和禹作为拯救百姓的神话人物和英雄祖先加以纪念。

>>>阅读指南

《史记·夏本纪》。

董晓萍、王犁犁:《中国神话绘本·鲧禹治水》。新蕾出版社,2009年9月。

>>>寻踪觅迹

山西芮城县 古代鲧部落所在地,鲧与禹治水神话的背景地。

羽山 位于江苏东海县和山东临沭县交界,传说鲧被杀死于此,有殛(jí)鲧泉等相关遗迹。

4. 大禹杀"鸡"儆"猴"

遂公盨(xǔ)
西周中期。铸有歌颂大禹治水等功德的铭文，和儒家经典文献《尚书·禹贡》的记载惊人一致。北京保利艺术博物馆藏。

流传在浙江民间的传说对此作了解读——

大禹从舜帝手上接受了王位而祭天，身材高大的防风氏担任纠仪官。

防风氏居高临下，一眼向祭坛望去，只见祭天的神位除了尧、舜外，还有禹的父亲鲧。他大声责问："禹，你的老子鲧是个犯了罪的人，有什么功德可以祭天！"

众诸侯一听，也纷纷叫嚷："以前舜王祭天，让帝尧来配祭，而不用瞽(gǔ)叟（舜的父亲），可见舜王的大公无私！"

"禹，你老子鲧是个淹水害万民的人，是四凶之一，配祭何以服天下？"

禹治水成功，舜帝召开庆功大会，赐给禹玉圭一块，以表彰他的功绩。舜年老时，禅位给禹。

禹赢得了黄河流域各个族群的拥护，又率军队征伐南方的苗蛮族群，势力范围达到江淮流域。这时，禹发号施令，召集天下诸侯会盟涂山（今安徽怀远县境内）。颇具政治城府的禹先在会稽山（今浙江绍兴市境内）举行了一次预备会，并以迟到为由，将不愿服从的防风氏酋长斩首问罪。

禹为何要以区区理由斩防风氏呢？

>>>阅读指南
　　张公：《上古神话传说》。吉林文史出版社，2010年1月。
　　董楚平：《防风氏的历史与神话》。浙江古籍出版社，1996年1月。

防风氏

上古人物或部落名，巨人族，又称汪芒氏，被今汪姓奉为始祖。据说防风氏治国有方，深受百姓爱戴。他赴大禹之会，途中因参加防洪抢险迟到而被杀。后大禹查明实情，亲临祭祀，封他为防风王，并建祠供奉。

禹见众诸侯责难，只好把鲧的神位取了下来。

此外，防风氏对禹用 64 位舞女伴舞祭天的奢华排场和禹推荐老病垂危的皋陶为接班人都表示不满。

防风氏说："今天这三件事就是让人

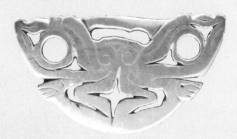

玉冠状饰

良渚文化代表性器物之一，浙江杭州市余杭区瑶山遗址出土。传说中的古防风国处于良渚文化圈内，二者的关系引起人们诸多猜想。

不服！既然不服，在此还有何事？回去啦！"说罢，他转身一阵风似地走了。

禹看得目瞪口呆，心中愤恨道："好个防风氏，今后有你好看的！"

果然，会稽山会议，禹就砍了防风氏的头。

杀"鸡"儆"猴"的结果是诸侯们望风归顺。涂山会盟顺利进行，诸侯们前来参会，对禹行臣服之礼。这是禹完成族群整合、跨进文明门槛的一个具有划时代意义的大动作。

传说舜死后，禹为他守孝三年，曾按传统把帝位禅让给舜的儿子商均，但天下诸侯都去朝见禹。于是在诸侯的拥戴下，禹正式即位。

>>>**寻踪觅迹**

浙江德清市三合乡 上古防风国所在地，有防风山、防风祠、防风戏台、防风古国文化园等众多防风遗迹和景点。当地每年农历八月二十五日秋祭防风的习俗始于明洪武年间。

会稽山 位于浙江绍兴市，是中国历代帝王加封祭祀的著名镇山之一，也是中国山水诗的重要发源地之一。大禹一生中的四件大事——封禅、娶亲、计功、归葬，都发生在会稽山。

5. 禹划九州定地缘

湖北武汉市大禹神话园雕塑
传说共工指使九头蛇相柳氏前去干扰大禹治水，大禹和它们搏斗，为民除害。

大禹治水三过家门而不入的故事早已广为流传。在治水过程中，禹节衣缩食，尽心祭祀鬼神；居室简陋，却拿出财力用于治水。他坐车在陆地上走，乘船在水中行，遇到沼泽，就利用两头翘起的船形木橇前进，遇到高山，就穿着有铁齿的鞋攀爬。他左手拿着准绳，右手拿着规和矩两种工具，疏通了九条河道，筑堤修治了九个大湖，凿通了九座大山。洪水退去，他让伯益教民众在低洼的地方种水稻，叫后稷教民众在高地种粟黍。哪里粮食短缺，就进行调配，使民众能够吃饱。他要求各地按条件生产适宜的物品，使百姓安居乐业。

在治水的13年中，禹踏遍了千山万水，对中华大地的土壤性质、物产、人民都有一定的了解。夏朝建立后，禹以高山大河奠定界域，将全国分为九州——

冀州，今山西、河北，管辖范围远及今辽宁西部和东北地区。这里的人们以狩猎、"搏食鸟兽"为生，以鸟为图腾，以兽皮鸟羽为衣。

兖（yǎn）州，今山东西部和河南东北部。这里的人们种桑养蚕，以农耕为生，以漆、丝和彩绸为贡物。

>>>阅读指南
《尚书·禹贡》。
戴璐、席岫峰：《禹迹茫茫——中国历代治水的故事》。广东教育出版社，2004年4月。

青州，今山东半岛和辽东半岛。这里被称为莱夷的族群既农又牧，同时还盛产海产品。他们的贡物有盐、细葛布、丝、大麻、锡和奇特的石头等。

徐州，今山东西南部、河南东部、江苏北部。被称为淮夷的族群以生产蚌珠和鱼著名，贡物有五色土、大山鸡、桐木、细绸、白绢和可以做磬的石头。

杨州，今江苏、安徽、江西、福建、浙江以及南方各岛。这里的族群以穿草编的衣服为俗，贡品有金、银、铜、美玉、美石、小竹、大竹、象牙、犀皮、鸟的羽毛、旄牛尾和木材。

荆州，今湖北、湖南的大部分。这里的贡物很多，除矿产、树木外，最有特色的是造箭镞的石头以及珍珠、大龟、杨梅。

豫州，今河南大部和湖北北部。这里的贡物有漆、麻、细葛布、苎麻、绸以及做玉磬的石头。

梁州，今陕西南部、甘肃西南部、青海东南部、四川、贵州、云南以及西

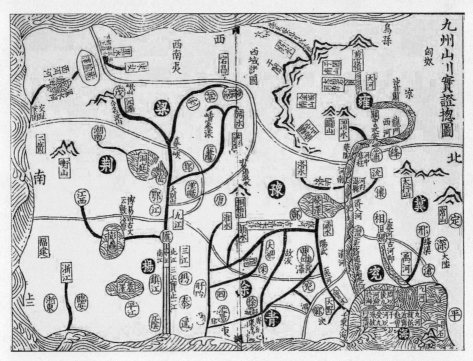

九州山川实证总图

中国现存最早的雕版墨印地图实物，南宋淳熙四年(1177)绘。图中标示了《尚书·禹贡》中记载的山、河、湖、海及冀、兖、青、徐、豫、杨、荆、雍、梁九州界域，并采用古代地图传统形象绘画法，以文字注记区别古今内容，九州用阴文，宋代建置用阳文，地名套以黑圈，山河名加方框，河道变迁处辅以文字说明。中国国家图书馆藏。

甗(yǎn)

龙山文化，山东泗水县尹家城遗址出土。

藏东部的广大地区。这里被称为和夷的族群自称"和"，意为山居之人。他们的贡物有美玉、铁、银等矿产品，还有熊、马熊、狐狸、野猫等动物。

雍州，今陕西、甘肃、宁夏、青海、内蒙古西部、帕米尔高原以西以及西藏的广大地区。这里有被称为三苗和西戎的族群，他们擅长毛纺织业，其织品称为"织皮"。他们的贡物主要是美玉、美石、珠宝和毛纺织品。

水路交通网也是整合一个民族或族群的脉络。禹划九州时，就把各州入贡的水路连通了。《尚书·禹贡》对此有记述：

冀州经漳水、恒水、卫水入黄河；

兖州经济水、漯(luò)水到达黄河；

青州经汶水到达济水，再入黄河；

徐州经淮水、泗水到济水，再入黄河；

杨州经长江、黄海到达淮河、泗水，再入黄河；

荆州从长江、沱(tuó)水、潜水、汉水到达汉水上游，改陆路到洛水，再入黄河；

豫州经洛水到达黄河；

梁州经潜水，改陆路入沔水，进到渭水，最后到达黄河；

雍州从积石山附近的黄河，行到龙门、西河，与从渭河逆流而上的船只会合在渭河以北。

这样一个水路交通网，从夏至西周，流淌在中华大地上，对于各民族或族群的互动，对于中华民族的整合、形成真是作用非凡啊！

禹划九州，使"万国"从以血缘关系为纽带转化为以地缘关系为纽带。正如《尚书·禹贡》所说：四方的土地都已经居住了，九条山脉都伐木修路可以通行了，九条河流都疏通了水源，九个湖泽都修筑了堤防，四海之内进贡的道路都畅通无阻了。一句话：九州由此统一了。从此，"九州"就成了中国的别称之一。

>>> 寻踪觅迹

大禹故里 在四川北川县，传说是大禹的出生地。2008年众多大禹遗迹毁于汶川地震，使之更具凭吊价值。

大禹陵 位于浙江绍兴市郊，由禹陵、禹祠、禹庙三大建筑群组成。

6. 天下"万国"解密

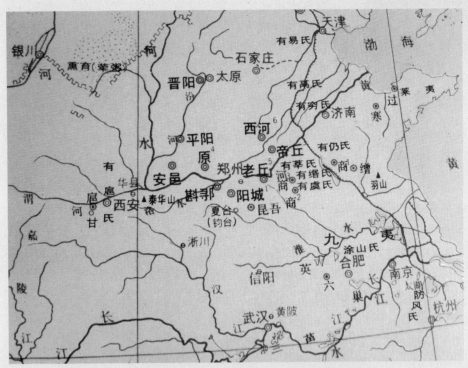

夏代"万国"示意图（截自谭其骧主编《中国历史地图集》，中国地图出版社出版）

大禹治水定九州，会盟各"国"于涂山，传说当时"执玉帛者万国"。这"万国"到底有多少"国"呢？

在五帝时代，天下有许许多多的"邦"，统称之为万邦或万国。"万"为虚指，就是多的意思，故俗称"古有万国"。

在《左传》等一些先秦文献中，又常称这些邦或国为"某某氏"，如方雷

氏、西陵氏、蜀山氏、彤鱼氏、少典氏、少昊氏、共工氏、祝融氏、有娀（sōng）氏等等，因此黄帝称黄帝氏或轩辕氏，颛顼称为颛顼氏或高阳氏，帝喾称为高辛氏，尧属陶唐氏，舜出自有虞氏。这"氏"实为"族"。

这"氏"与"族"的转换，透露出了夏王朝的民族结构。在中国古代，虽然没

绳纹甗(yǎn)
夏代。山西太原市东太堡出土，山西博物院院藏。

有直接使用"民族"或"族群"这两个词，但"氏"和"族"都具有民族或族群的意义。《左传·隐公八年》说："天子建德，因生以赐姓，胙(zuò)之土而命之氏。"意思就是周天子立有德的人做诸侯，依照他们的出生地赐姓，然后分给他们土地，再根据封地赐氏。"因生以赐姓"，着重于血统；"胙之土而命之氏"，则着重在土地。这恰恰是以地缘关系为基础的民族或族群所特别强调和注重的。所以，建立夏王朝的夏族当时就称为"夏后氏"。可见，"氏"已具有民族或族群的含义了。

更有意思的是"族"字。"族"字的甲骨文字形很多，但基本上都是箭头的变形，金文也是这样。《说文解字》解释说：族，就是许多箭头（矢）束在一起，即众矢集聚在一起。可见其本意是聚结、集中，聚集的人群以旗帜标识。在《尚书·尧典》中，"族"被解释为"类"。《左传·成公四年》中认为楚人"非我族类，其心必异"，民族或族群的含义跃然而出。

正因为"万国"具有民族或族群的含义，所以，夏朝建立和大禹分封时，都以国为姓，故有夏后氏、有扈(hù)氏、有男氏、斟郹氏、彤城氏、褒氏、费氏、杞氏、缯（zēng）氏、辛氏、冥氏、斟戈氏等。所有这些"氏"都是构成夏族的核心族群。其中可考的，夏后氏在今河南以濮阳为中心的古河济地区，有扈氏在今河南原阳，斟戈氏、斟郹氏在今河南范县，辛氏在今山东莘县，缯氏在今山东临沂，杞氏、费氏在今山东曲阜一带。它们都围绕着古河济地区及其附近，有的还与夏后氏联姻，如有仍氏在今山东曹县西北，有虞氏在今河南虞城县，进献二女给夏桀的岷山氏在今山东金乡东北。可见，以"万国"结构而成的夏族内部不仅族群构成复杂，而且在不断进行互动融合。

>>>阅读指南
李学勤主编：《夏史与夏代文明》。上海科学技术文献出版社，2007年4月。
郑杰祥：《早期中国文明——新石器文化与夏代文明》。凤凰出版社，2005年4月。

>>>寻踪觅迹
禹墟遗址　在安徽蚌埠市西郊涂山脚下的禹会村。村名在《汉书》中就有记载，沿用至今。传说这里是禹涂山会盟的发生地，禹娶涂山氏女并生子启、治水三过家门而不入等传说也在村中代代流传。

7. 五服的差序

湖北武汉江滩公园雕塑
禹划九州后，在九州各铸一鼎，设官治理。禹乘坐四条龙马拉的车，腾云驾雾去检阅九鼎，统一华夏。

禹在划九州的同时，又把各地按距离都城的远近划分为五个地区进行管理，史称"五服"。

甸服，指以都城为中心，半径250千米，面积达数万平方千米的区域。这里居住的是夏族的核心，即天子、王族及其属下。管理办法是离国都最近50千米的族群缴纳连秆的禾，100千米的缴纳禾穗，150千米的缴纳去皮的谷物，200千米的缴纳粟米，250千米的缴纳米。

侯服，指甸服以外250千米的地区。这里住着被夏王朝分封的臣下和诸侯。管理办法是离甸服最近50千米的替天子服差役，100千米的担任国家的差役，150千米的替天子管理和监察周围区域的事务。

绥服，指侯服以外250千米的地区。这里住的是归顺夏族的族群。管理的办

>>>阅读指南
　　陈智勇、孙建生、杜维：《夏史话》。中州古籍出版社，2008年4月。
　　《吕思勉文集·先秦史》。上海古籍出版社，2005年7月。

法是离侯服100千米的要担负保卫天子的责任，150千米的推行天子的政教。

要服，指绥服以外250千米的地区。这里是接受约束臣服的族群。管理的办法是离绥服100千米的约定遵守条约，150千米的相约和平相处。

荒服，指要服以外250千米的地区。这里是还没有内化的族群。管理的办法是离要服100千米的可游牧随意流动，150千米的因俗而治，实行宽松的管理。

五服制度以都城为中心，每服延伸250千米，五服地带半径1250千米，直径2500千米。以四方计，每方边长2500千米，面积约为600多万平方千米，可谓疆土辽阔，族群众多。

当时夏王朝把都城建在阳城（今河南登封一带），而蛮夷比戎狄离都城更近，

夏禹王像
宋朝马麟作，台北"故宫"藏。

所以蛮夷属于要服，戎狄属于荒服。

这样，夏王朝与四方民族或族群的关系有近有远，有亲有疏。除了甸服、侯服和绥服的族群要纳税服役外，其他族群大多属于要服和荒服之列。要服的族群只要承认夏王为"天下共主"，只要随意贡纳地方的物产就行了。荒服的族群则"因俗而治"，来者不拒，去者不禁。这种德化与怀柔的政策，对于构建良好的民族关系，产生了久远的影响。

彩陶鬲
内蒙古敖汉旗大甸子夏家店下层文化出土。夏家店文化因内蒙古赤峰夏家店遗址而得名，夏家店下层文化年代为公元前2000年～前1500年，属夏商时期北方青铜文化，也在夏王朝的荒服之列。内蒙古博物院藏。

>>>寻踪觅迹
河南登封市 境内的告成镇及其附近的王城岗龙山文化遗址被认为是"禹都阳城"所在地。

8. 夏启确立"家天下"

灰陶三足盘
夏代。河南郑州洛达庙遗址出土。

禹受舜禅让做了王，所以在他去世前几年，也想效仿尧舜，找一个贤能的人来接替自己。人们推举掌管刑法的皋陶，可没等接任，皋陶就病死了，大家又推举曾和禹一起治水的伯益。随着王位的巩固，禹越来越觉得自己好不容易得来的王权应该由儿子启来接管，可是伯益功劳卓著，威望极高，禹怕众怒难犯。禹想：我当年能继承舜位，一是治水有功得到了人们的尊敬和爱戴，二是舜选定自己做继承人后，就让自己行使治理天下的大权，不如我也效法舜的做法，把治理天下的大权让儿子去执行，而只给伯益一个继承人的名义。于是禹让启参与治理国事。渐渐地，启在人们心目中的地位高了起来，而伯益作为继承人，却没有新的政绩，慢慢被淡忘了。

禹死后，启真的行使起王权来，多数族群首领也愿意效忠于他。伯益不服，和启大战一场，结果失败被杀。启公开宣布自己继承王位，从此，禅让制遭到破坏，父亡子继

灰黑陶斗
河南禹州市瓦店出土。有专家推测瓦店遗址可能与文献记载的禹、启之都阳翟有关。

直壁陶器盖

河南新密市新砦(zhài)遗址出土。新砦文化是最早的夏文化,年代约为公元前1900~前1600年。从遗址规模和出土文物的规格,有学者认为新砦遗址有可能是夏启的都城。

的"家天下"制度取代了任人唯贤的"公天下"制度。

不少族群反对启的做法,有扈氏首先站了出来,双方发生冲突,启尽管发表了慷慨激昂的誓师词(《甘誓》),却吃了败战。原来,启贪图安逸,过着奢华的生活,整天沉湎在吃喝玩乐中,经常到野外饮宴,弦管和磬声交响。此后,

为了赢得民心,启严于律己,生活上粗茶淡饭,琴瑟不张,钟鼓不修,子女不饬,还尊老爱幼、任用贤能,很快增强了实力。启再次出兵,打败了有扈氏,巩固了王位。

夏启把公天下变为一家私有,对万国族群进行了"天下为家"的整合,成为后世中国社会家国同构、天下各族同为一家的思想渊源。

>>>阅读指南

《尚书·甘誓》。

沈长云:《中国历史》(先秦史)。人民出版社,2006年6月。

>>>寻踪觅迹

河南禹州市　夏代早期都城之一。相传大禹在此受封夏伯并立国,在此让位于启,后来太康失国、少康中兴、夏桀被囚的故事均发生在这里。

灰黑陶高领三足罐

河南登封王城岗遗址出土,河南博物院藏。

9. 后羿代夏政

弋射图

湖北随州曾侯乙墓出土的衣箱盖上的装饰性图案。图中两株神木，枝头挂果象征太阳和月亮，树端分别栖有日中之精和月中之精，一人立于两树之间，举臂张弓，从树上射下一鸟。有专家认为表现的正是羿射九日的神话。

刚脱颖而出的夏，很快被一个叫后羿（yì）的人取代，史称"后羿代夏"。

说到后羿，人们大都认为他是一个神话人物。据说在尧的时候，天上"十日并出"，天下大旱，又有凶猛的毒蛇猛兽兴妖作怪，涂炭生灵。这时，天帝赐给后羿一把弓箭，命他到人间为民除害。后羿下凡到人间后，把十个太阳射落了九个，杀死了毒蛇猛兽，使人民得以安居。他与嫦娥结了婚。后来，他到西王母那里求得不死药，却被嫦娥偷吃了。嫦娥吃了不死药后，就奔上了月宫。其实这个后羿并不是夏朝时的后羿。夏朝的后羿是太康时期东夷族有穷氏的首

>>>阅读指南

叶兆言：《后羿》。重庆出版社，2007年1月。

陈智勇、孙建生、杜维夏：《夏史话》。中州古籍出版社，2008年4月。

灰陶鼎
夏代。河南登封市阳城遗址出土，郑州博物馆藏。

领，也以勇武善射闻名。

夏启死后，其子太康继位，将都城由阳翟（今河南禹州市）迁往斟鄩（今河南偃师市二里头）。太康迁都后，完全忘记了祖宗的训诫，整天饮酒游猎，不理政事，致使国家百事废弛，民怨沸腾。

后羿在暗中不断蓄积力量，准备以武力取代夏政。一次，后羿趁太康远出狩猎，率军攻入斟鄩，立太康的弟弟仲

新砦文化尊形陶瓮

康为夏王，作为傀儡，自己执掌国政，夏王朝名存实亡，史称"太康失国"。

后羿代夏后，并没有吸取太康失国的教训，反而仗恃善于射箭的本领，不努力治理国家，也像太康那样沉醉于狩猎，抛弃贤良而任用寒浞（zhuó）。寒浞是伯明氏的奸邪子弟，后来投靠后羿。寒浞在宫内对女人献媚，在外边施舍财物，愚弄百姓。乘后羿迷醉于狩猎，寒浞乘机培植奸邪党羽。在后羿准备从狩猎的地方回来的时候，手下人把他杀了。那些人还把后羿煮熟了给他的儿子吃，他的儿子不忍心吃，也被杀死了。

寒浞用阴谋诡计取代了后羿，袭有穷氏之号，自立为王。

>>>寻踪觅迹
河南郑州博物馆 收藏众多夏代早期文物。

10. 少康中兴促融合

仲康被后羿立为傀儡后，行动受到限制，情绪忧郁，不足20岁便死了，他年幼的儿子相继位。夏王朝是一个多民族的国家，除夏族外，夏王朝对其他民族，不管在什么方位，统统以"夷"称之，故而有"夏夷之别"。

相从小就有雄心壮志，试图恢复夏王朝。他逃出宫廷，前去投靠夏的同姓国斟灌氏和斟鄩氏。在这两个族群的支持下，以帝丘（今河南濮阳一带）为根据地，征伐淮夷和风夷、黄夷，积极向东夷扩展势力。寒浞得知后，深感恐惧，派儿子浇和殪(yì)率兵追剿，灭了斟灌氏和斟鄩氏，杀了相，然后叫浇住在过

河南禹州市少康城遗址禹王功德碑碑文
相传少康为了缅怀大禹的功绩，在少康城东修建此碑。原碑早已毁弃，近人所见乃明代重立。碑文字体离奇，被称为"蝌蚪文"、"天书"。

白陶人字纹鬶(guī)
夏代（二里头文化早期）。河南巩县出土，河南博物院藏。

地，殪住在戈地（今河南新郑、商丘之间），以镇守东方。

相被杀时，他的妻子已有身孕。她从墙洞里爬出去，躲过了浇的追杀后，投靠娘家有仍氏，在那里生下儿子少康。少康长大后，母亲将先祖禹、启创立的业绩，祖辈太康失国、仲康受制忧愤而死、相被追杀的历史告诉了他，千叮万嘱，要他发奋图强，立志报仇复国。

石埠

礼器。河南偃师市二里头遗址出土，中国社会科学院考古研究所藏。

少康先依附外祖父有仍氏，被任命为管理畜牧业的牧正，手下有五百余人，辖地方圆十里。他一方面畜牧耕织，发展生产；一方面习武练兵，防备浇的搜杀，待机复夏。

浇侦察得知少康的下落，就派兵前往有仍氏搜捕。少康逃到了有虞氏（今河南虞城），才躲过一劫。

有虞氏首领爱惜人才，让少康在部落里做庖正（即厨师），管理膳食，又把女儿嫁给他，赏给他一块地和几百号人马。少康在姻亲有虞氏和夏的旧臣帮助下，发奋图强。他把那些流浪在外的夏朝旧官吏，以及被后羿、寒浞赶出家园的夏族人召集、收拢在自己的麾下，加强

明末清初著名画家、书法家朱耷临摹的禹王功德碑碑文

>>>阅读指南

长河：《华夏第一国——夏后》。中国青年出版社，2008年1月。

黄懿陆：《山海经考古——夏朝起源与先越文化研究》。民族出版社，2007年8月。

朱砂彩绘灰陶瓮

夏代。郑州博物馆藏。

组织训练，建立了一支精锐的复国军队。

实力具备后，少康派人潜入浇内部刺探军情，接着派儿子季杼（zhù）率兵攻打殪。季杼用疑兵诱殪出战，寻机发动强攻，直捣殪的营地，一举俘获殪并将其斩首示众。然后，夏军大举进攻寒浞。战前，少康召开誓师大会，发布讨伐檄文，历数后羿、寒浞、浇篡国祸民的罪行，激励将士奋勇杀敌。复国军攻打夏故都斟鄩，此时寒浞已老，由浇执政。浇想顽抗，但众叛亲离，孤军无依，少康横扫寒浞残余势力，收复了斟鄩。这样，天下又回到夏禹子孙的手里。

少康复国后，勤于政事，讲究信用，天下安定，文化大盛，得到各部落的拥戴，夏朝再度兴盛起来，史称"少康中兴"。从太康失国到少康中兴，前后共近百年时间。

少康中兴实际上是夏族的第二次整合。通过这次整合，不仅夏族人入居东夷地区，而且东夷的各个族群与夏族的关系基本上处于融洽状态。先秦文献中"方夷来宾"、"九夷来御"、"诸夷入舞"的记载不绝于书。东夷族群从夏之后，与中原的民族不断融合，最后都成了春秋战国时崛起的华夏族的组成部分。

>>>寻踪觅迹

少康城遗址 在河南禹州市康城村，是夏朝"中兴之君"少康居住并建都的地方。现存夏代夯土城墙、点将台以及少康修建的"禹王功德台"遗址。

11. 九鼎的符号意义

相传，夏朝初年，大禹划天下为九州，令九州贡献青铜，铸造了九个大鼎。禹事先派人把各州的名山大川和形胜之地、奇异之物画成图册，派精选来的著名工匠，将这些画仿刻在鼎上，一鼎象征一州，九鼎则象征九州。九鼎铸成后，置于宫门之外，让人一看便知道所去之处有哪些鬼神精怪，以避凶就吉。据说此举深得上天的赞美，因而夏朝获得了天帝的保佑。这样，九鼎成了王权至高无上、国家统一昌盛和民族认同的标志。

附加堆纹陶鼎
河南偃师二里头遗址出土，中国社会科学院考古研究所藏。

在夏、商、周三代近两千年的历史中，九鼎一直是立国重器。商灭夏，鼎迁往商王朝。商代曾有严格的规定：只有天子才能用九鼎，诸侯用七鼎，大夫只能用五鼎，士只能用三鼎或一鼎。周代商，又将九鼎迁往

河南新野出土的泗水捞鼎汉画砖

周都，据说周武王曾公开展示九鼎，以示天命所归。周成王亲自主持祭礼，将九鼎安放在太庙之中。

春秋时期，周王室力量衰弱，日渐强大的诸侯便对九鼎产生了觊觎之心。春秋五霸之一的楚庄王就曾兴师到周都近郊，向周定王派来劳军的王孙满打听九鼎的大小轻重，表明他有灭周的野心。

灰陶篮纹鼎
夏代(二里头文化)。河南淅川县下王岗出土，河南博物院藏。

青铜鼎
河南偃师二里头遗址出土，是中国目前发现的年代最早的青铜鼎。

从此，后人将争夺政权称为"问鼎"。

关于九鼎的下落，众说纷纭，不一而足。有一种说法是秦灭周时夺了九鼎，在运往秦都咸阳途中，一只鼎落入泗水(今山东中部)。秦始皇统一六国后，曾派数千人到当年失鼎的河中打捞，始终没找着。而其余八鼎，已不可考了。

后世历代都把九鼎作为国家统一繁荣、民族团结的象征，这种观念一直沿袭至今。

>>>阅读指南
严文明：《中华文明史》(第一卷)。北京大学出版社，2006年4月。
李肇翔：《中国通史可以这样读》。万卷出版公司，2006年2月。

>>>寻踪觅迹
东下冯遗址　位于山西夏县东下冯村，是一处距今4000年～3500年的二里头文化遗址，对探索夏文化具有积极意义。山西博物院收藏有相关文物。

12. 奚仲造车利交通

山东滕州市前掌大遗址出土的铜面罩
前掌大墓葬群是西周早期古薛国贵族墓地，附近正是传说中奚仲造车的地方。

据说奚仲是夏代著名的造车能手，他是春秋时薛国的祖先，也是今天奚姓、任姓、薛姓的祖先。

传说最早造车的人是黄帝，但奚仲总觉得黄帝造的车不够结实，有空的时候就琢磨造车的事。有一年夏天，奚仲叫上妻子和儿子，一起到山上伐木，然后就开始着手造他的木车。经过很长时间的摸索，造了一个轮子和两个轮子的马车。奚仲驾着自己造的车在山道上走，他的妻子和儿子围着车看。

消息很快传开了，周围十里八乡的人都来看奚仲造的车。有人问："这个车能装沉实的东西吗？"奚仲说："这个车子很坚固。"有的人不信。奚仲看着山脚下成堆的乱石，说："你们把这些石头搬到车上来吧。"一帮年轻力壮的人把一块块石头堆放到了车上。车子越来越沉，奚仲两只胳膊架住两边的车把，推动车子，木车"嘎吱嘎

车作为一种交通工具，最早不是人人都能享用的。相传黄帝、大禹都曾制作舟车。车是文明时代的产物，它的历史可以追溯到夏代。如今见到的最早的车，出土于河南安阳殷墟，属于晚商的遗物。

汉字"车"的演变过程

山东滕州市前掌大遗址出土了五座保存完好的大型车马坑，似乎在印证奚仲造车的传说

吱"地向前移动。车子过后，山道上留下了两道深深的车辙。众人发出一阵阵惊叹声。

奚仲造车的消息很快传到了禹那里，禹和一些随从也来观看。看见那两道深深的车印痕，禹惊讶地说："奚仲，你造的车如此坚固啊！"

奚仲指着马车上可容纳两个人的座位说："这个车可以用马来拉，只是现在

>>>阅读指南
《奚仲传说》、《奚仲文化研究》、《奚仲姓氏探源》。山东友谊出版社，2010年9月。

没有马。"禹立刻叫人牵来两匹马，然后套上绳子。奚仲手握缰绳对禹说："这个马车是用来乘坐的，请主人上车。"禹略微迟疑了一下，就上了马车。奚仲催动马匹，马车厚实的木轮便转动起来，往前行驶。禹起初两手抓着栏杆，表情显得非常紧张，但走了一段路后，便放松了紧抓的手，脸上露出了笑容，因为马车行驶得非常平稳。从此，奚仲成了禹的车正官。

奚仲发明的当然是马车。成书于春秋战国时期的《管子·形势解》称赞奚仲发明的马车："方圆曲直，皆中规矩钩绳，故机旋相得，用之牢利，成器坚固。"看来当时的造车水平已经相当高了。

奚仲造车，利在交通，既促进了商业贸易和人际往来，更增强了民族之间的经济联系。

>>>寻踪觅迹
奚仲故里 位于山东枣庄市薛城区，有奚邑、奚公山、奚公庙（车服祠）、奚仲墓、奚仲造车处、奚仲驯马场、奚邑古井等相关历史遗迹。
山东滕州市博物馆、济宁市博物馆 收藏有古薛国故城遗址出土的相关文物。

13.《夏小正》集物候知识大成

二十四节气图

二十四节气是古代中国人创造的一种农事历，一直沿用至今。它根据地球绕太阳运行的位置不同，把一年平均划分为24个节气，根据不同的节气安排农事活动。它对气候变化的准确掌握令人称奇。

《夏小正》是我国最早的一部记载物候的著作，是最早采用夏历的历书，也是夏文化的一件珍宝。

《夏小正》以动植物变化为指时标志，记载的生产事项包括农耕、渔猎、采集、蚕桑、畜牧等。

《夏小正》虽已失传，但保留在《礼记·月令》中有关物候的记载大多源自《夏小正》。

正月，东风解冻，冬眠的蛰虫开始活动，鱼也从水底游近水面的冰层，獭捕了鱼放在水边，就像要举行祭鱼，鸿雁从南方飞来。

二月，是雨水的季节，桃树开花，黄莺鸣叫，鹰变形为布谷鸟。

三月，桐树开花，田鼠变形为鹌鹑，彩虹出现，浮萍开始生长。

四月，青蛙鸣叫，蚯蚓出土，黄瓜开始生长，野菜开花。

五月，小暑节气来到，螳螂生长，伯劳开始鸣叫，百舌鸟不叫了。

六月，暖风吹来，蟋蟀迁居墙缝里，

>>>阅读指南

李志敏：《二十四节气知识全书》。中国纺织出版社，2010 年 4 月。

申赋渔：《光阴——中国人的节气》。中央编译出版社，2010 年 11 月。

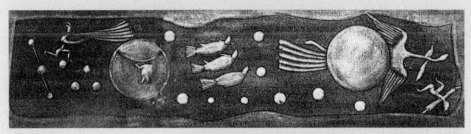

木刻星象图

西汉。江苏盱眙县秦汉东阳古城遗址出土。以图像形式标示了观察者所见到的月亮、彗星、太阳、诸星宿与银河等天体的视运动关系，特别是描绘了月食和彗星运行图像，有很高的学术价值和艺术价值。南京博物院藏。

雏鹰开始学习飞翔，腐草里生出萤火虫。

七月，凉风吹来，白露出现，寒蝉鸣叫，鹰捕杀鸟后陈列在大湖的四面，就像祭鸟一样。

八月，疾风刮来，鸿雁向南飞去，燕子也南归，群鸟积蓄美味食物。

九月，鸿雁就像宾客一样停留着未

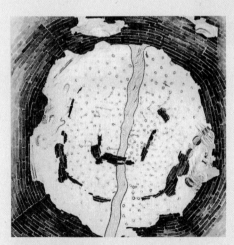

洛阳元父墓星象图

北魏。表示了银河和恒星等天体系统。银河贯穿南北，用朱色绘出恒星三百多颗，星座和亮星之间用线相连，北斗、紫微等常见星及星座从图上很容易识别。中国国家博物馆藏。

去，雀入大海化成了蛤，秋菊开黄花，豺也像祭兽那样杀兽。

十月，水开始结冰，土地冻结，野鸡飞入淮河变成大蛤，彩虹藏而不见。

十一月，冰冻益加厚实，鹖（hé）（古书上说的一种善斗的鸟）不再啼鸣，老虎开始交尾。

十二月，鸿雁准备北归，喜鹊也开始筑巢，雉啼鸣，鸡孵化。

从这些记载可以看出，《夏小正》记录的是淮海地区的物候，反映了夏代淮海地区民族生活的一个侧面。

>>>寻踪觅迹

北京天文馆　用现代高科技手段向公众宣传、普及天文学知识的大型专业天文馆。

北京古观象台　建于明正统七年（1442），是明清两代的皇家天文台，也是世界上现存最古老的天文台之一。从明正统初年到1929年，它从事天文观测近500年，以连续观测最久、建筑完整、仪器配套齐全闻名于世。

14. "以铜为兵"

二里头出土的镶嵌十字纹方钺
上海博物馆藏。

青铜器的制作和使用在中华民族先民的生活中占有重要地位，这段不少于1500年的历史时期被命名为"青铜时代"，而其开创者正是夏族。

制铜技术早在原始社会末期就出现了，但是数量不多，产品多为铜刀、铜环、铜匕、铜锥等小器物，而且多是红铜制品，青铜很少。到了夏代，制造铜器成了手工业生产中一个比较重要的经济部门。河南偃师二里头遗址出土了铜爵、铜锛（bēn）、铜凿、铜锥、铜刀、铜镞、铜鱼钩和带有镶嵌的圆形铜器等，这些器物已经是青铜材料了。由红铜发展到青铜，是个很大的进步。

二里头遗址出土的镶嵌铜器，镶嵌了61块绿松石，通体青碧，十分美观，这不仅反映了当时高超的铸造技术，也反映了成熟的镶嵌技术。二里头遗址出土的十多件铜爵，是中国目前发现的最早的青铜容器，其中一件铜爵含铜92%，含锡7%，

二里头出土的铜戈
迄今所知中国最早的青铜礼兵器之一。

二里头出土的铜爵

二里头出土的青铜钺
迄今所知中国最早的青铜钺之一，属于礼器。中国社会科学院考古研究所藏。

制作技术相当复杂，从铸痕看，至少采用了四块范（即模型）合铸而成。此外，二里头遗址还发现了坩（gān）埚（guō）片、铜渣和陶范，可见当时已经采用了坩埚陶范技术铸造铜器。二里头遗址出土的铜戈，也是中国目前发现的最早的青铜武器，印证了文献中提到的夏"以铜为兵"的说法。

在二里头周边地区，也有不少青铜器出土，这从一个侧面反映了夏族与周边民族的经济文化互动。

>>>阅读指南
《走进世界著名遗址》。世界图书出版公司，2009 年 10 月。
马承源：《中国古代青铜器》。上海人民出版社，2008 年 1 月。

>>>寻踪觅迹
二里头遗址　位于河南偃师市二里头村，是夏代都城遗址。
河南洛阳博物馆　收藏有二里头遗址出土的部分文物。

15. 镇国之宝玉

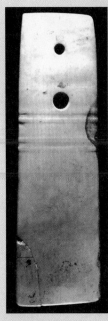

二里头出土的玉圭

玉圭是贵族间往来使用的一种礼器，
传说舜曾赏赐治水成功的大禹玉圭。

宋代文学家苏轼曾说先秦的王室和
大诸侯国都有镇国之宝，以"守其社稷，
镇抚其人民"。夏王朝镇国的宝玉就是夏
后氏之璜（huáng）。

璜是一种状如半璧的玉器，是夏、
商、周三代朝聘、祭祀、丧葬时用的礼
器，也可做装饰用。夏后氏之璜可与和
氏璧相媲美，可惜已经失传。

夏族是一个崇尚玉文明的民族。在
记叙夏禹为统一疆土征伐三苗的战争中，
就留下了玉崇拜的痕迹。《墨子·非攻》
是这样描述的：从前三苗大乱，上天命
令诛杀。太阳在夜里出来变成妖，连续
下了三天血雨，庙里出现了青龙，狗在
闹市哭叫，夏天水结冰，土地开裂，泉
水涌出，五谷发生变化，百姓大为震惊。
于是大禹握着尧帝的瑞玉令符，去征讨
有苗。雷电震撼，有一尊人面鸟身的神，
手捧玉圭侍立在禹身边，挟箭急射有苗
的酋长。有苗军大乱，之后就日渐衰微
了。禹战胜了三苗，就区划山川，分别
物类的高下，节制四方。鬼神不敢违逆，
于是天下安定了。

三苗是湖北、湖南及江西一带的古

二里头出土的七孔玉刀

二里头出土的玉璧戚

二里头出土的玉璋

刀都是以"兵礼"形式出现的。经过长期血雨腥风的战争，夏王朝才得以建立并巩固政权，玉反映的是战争文化形态，象征战争的胜利。

夏代玉器承上启下的价值是显而易见的，它既是新石器时代玉器的历史总结，又是商代玉器发展的基础，其造型与纹饰均成为商玉器制作的根据。更重要的是，夏代玉器的造型与纹饰影响了中华文化的众多门类和大量姊妹艺术的发展，在数千年的历史长河中，它渗透于人们生活的各个角落，几乎无处不在、无时不有。

夷人部落，以鸟为图腾，所以有人面鸟身之神前来助阵厮杀，"奉圭以侍"正是当时玉崇拜的一种表现。圭是神的标志，只有神灵才能奉圭，这就把图腾崇拜和玉崇拜结合在一起了。有玉才能显示神灵，在禹发动的这场大规模的征战中，圭代表的是天意，这和大禹"亲把天之瑞令"是一个道理。这还说明玉在当时既是号召的旗帜，又是统驭所部的法度。

古代关于大禹和玉的关系传说还有很多种。如《拾遗记》说神授禹玉简，"禹即执持此简以平定水土"等。总之，夏的立国和玉有着重要的关联。

河南偃师二里头（夏晚期王都）遗址揭开了夏朝玉文化的面纱，并能和古代文献相印证。遗址中出土了玉钺、玉铲、玉戈、玉圭、七孔玉刀、玉柄形器、玉琮、玉板等装饰品和礼器。玉礼器中，兵器形玉器占了重要地位，如玉戈和玉

>>>阅读指南

艾丹：《玉器时代——新石器晚期至夏代的中国北方玉器》。中国青年出版社，2006年6月。

张明华：《收藏起步丛书·古玉》。上海文化出版社，2009年5月。

>>>寻踪觅迹

河南偃师市 因公元前1046年周武王东征伐纣在此"息偃戎师"而得名，历史上有七个朝代在此建都，有被史学家命名为二里头文化的夏都斟鄩遗址等众多古迹。

16. 汉字的滥觞

猪纹陶钵
距今约7000年～6500年。浙江余姚市河姆渡遗址出土，浙江省博物馆藏。

人们都知道商代是有文字的，那么夏代有没有文字呢？

传说仓颉是黄帝时的史官。黄帝统一华夏之后，感到用结绳的方法记事太不方便，就命仓颉想办法造字。仓颉在河边的一个高台上造屋住下来，专心致志地造起字来，可是，他苦思冥想了很长时间也没造出字来。有一天，仓颉正在沉思，天上飞来一只凤凰，嘴里叼着的一件东西掉了下来，正好落在仓颉面前。仓颉拾起来一看，上面有一个蹄印，但他辨认不出是哪种野兽的，就问正巧走来的一个猎人。猎人说："这是貔貅（Píxiū，古书上一种凶猛的瑞兽）的蹄印，与别的兽类的蹄印不一样，我一看就知道。"猎人的话使仓颉很受启发，他想，万事万物都有自己的特征，如果能抓住这些特征，画出图像，大家都能认识，这不就是字吗？从此，仓颉便注意观察各种事物的特征，画出日、月、星、云、山、河、湖、海以及飞禽走兽、应用器物的图形，造出许多象形字来。仓颉把这些字献给黄帝，黄帝非常高兴，立即召集九州酋长，让仓颉把这些

河南舞阳县贾湖遗址出土的龟甲上的契刻符号，距今约9000年～8000年

字传授给他们，于是，文字便开始应用起来。仓颉也被后人尊为"造字圣人"。

仓颉造字只是神话传说，无法考证，但在二里头遗址出土的陶器上，人们发现了许多"刻画符号"。这些符号一般只见于大口尊和卷沿盆的口沿上，共有24种，是陶烧成后在使用的时候，用锐器刻成的。在许多器物上，反复刻画的刀痕非常清楚。很明显，这些符号不是图画。图画

刻陶文鱼篓形贯耳罐
距今约 5300 年～4100 年。江苏苏州车坊澄湖遗址良渚文化层出土。罐腹中部表面有四个刻画符号，古文字学家李学勤先生将其考释为"巫钺五偶"。苏州博物馆藏。

图案无论是花纹还是动物形象，都是起美化陶器的装饰作用，而这些刻画符号从形体构造到表现形式，都与图画不同，并没有起装饰作用。考虑到这些符号所在的器物种类与位置，专家推测其中有的是用来做标记的。大概这些陶器常常在公共场合使用，做了标记就可相互区分。有的符号已经有了表意的特征，分别表述数字、植物、器具以及自然景象，应该可称为文字。

中国最早的刻画符号出现在河南舞阳县贾湖遗

二里头遗址陶器上的刻画符号，距今约 3800 年～3500 年

马家窑文化马厂类型彩陶罐
距今约 4000 年，共绘有 20 多个符号。马家窑文化是仰韶文化的一个类型，
仰韶文化彩陶上的刻画符号种类繁多。

址的出土文物上，已有 8000 多年的历史。在全国各地的考古发现中，有 100 多个遗址出土的陶片上有刻画符号，二里头遗址的刻画符号与仰韶文化半坡遗址出土的陶器上的刻画符号以及龙山文化的刻画符号等是一脉相承的。许多专家认为，从历史的角度看，二里头文化已经具备了使用文字的条件。中华文化的载体——汉字，在二里头文化时期就已经开始滥觞了。

>>>阅读指南

王祥之：《图解汉字起源》。北京大学出版社，2009 年 10 月。

苏三：《汉字起源新解》。东方出版社，2010 年 1 月。

>>>寻踪觅迹

双墩遗址 位于安徽蚌埠市双墩村，是距今约 7000 年的新石器时代文化遗存，集中出土了 630 多件有刻画符号的陶器，对研究汉字起源具有重要意义。蚌埠市博物馆收藏有相关文物。

中国文字博物馆 位于河南安阳市，集中展示了甲骨文、金文、陶文、玉石文字、简牍帛书、历代碑碣、汉字信息处理与印刷术、少数民族文字等与文字有关的诸多内容。

17. 闻韶乐，三月不知肉味

歌舞是一个民族生命活力的文化表达。在夏朝，韶乐是最为流行的音乐。古代所谓的乐，包含内容很广。分开来说，可以指歌，也可以指舞；合起来说，歌、舞、音乐统称为乐。韶乐不仅是音乐，也有舞蹈，既可歌，也可舞。《论语·述而》说孔子在齐国听韶乐"三月不知肉味"。《论语·八佾(yì)》记载："韶尽美矣！又尽善！"韶乐今已失传，但是可以想象，能够让孔子三个月都沉醉于轻歌曼舞中，连肉的味道都吃不出来了，这韶乐是怎样吸引人啊！

《大夏》是夏代一部影响深远的大型乐舞作品。传说禹用了十年时间疏通三江五湖，凿开龙门，让洪水通畅地东流入海。洪水平息后，禹又亲自拉犁开荒，发展农业生产。人民为了欢庆治水的胜利，歌颂禹的功绩，举行盛大的歌舞祭祀活动。表演者每八人排成一行，称为一佾，共有八佾六十四人。舞者头戴皮帽，上身袒露，下身穿白裙，舞姿粗犷古朴，音乐豪迈。

《九辩》《九歌》也是夏乐。据说夏

二里头出土的埙(xūn)

埙是我国特有的原始吹奏乐器，以陶土制成。目前发现的最早的陶埙是陕西西安半坡遗址出土的公元前4000年左右的陶埙。

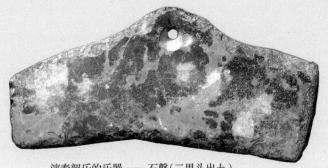

演奏韶乐的乐器——石磬(二里头出土)

舞阳骨笛

河南舞阳县贾湖遗址共出土30余支距今约9000年~8000年的骨笛，是迄今为止发现的世界上最早、保存最完整的管乐器。河南博物院藏。

马家窑文化彩陶鼓

鼓是最早出现的乐器。马家窑文化距今约5800年~4800年，主要存在于甘肃西部、青海东部一带。甘肃省博物馆收藏的十余件马家窑文化彩陶鼓，可以说是人类最早的打击乐器。

二里头出土的铜铃

启将三个美女敬献给天神，从天上得到了这两部乐曲，带回人间，他沉湎于音乐歌舞，以致最后亡国。《九歌》在夏以后还有流传，《楚辞》中有《九歌》11章，就是从夏的《九歌》之曲演变、改造而来的，并沉淀为中华文化的一个闪光点。

>>>阅读指南

　　王子初：《20世纪中国文物考古发现与研究丛书·音乐考古》。文物出版社，2006年1月。

　　王子初：《中国音乐考古学》。福建教育出版社，2003年8月。

>>>寻踪觅迹

　　山东临淄齐国历史博物馆　建有韶乐厅，可欣赏以齐国故城遗址出土的古韶乐遗律《箫韶九成·凤凰来仪》为主旋律而整理创作的《齐韶新乐》。

18. 仪狄与少康造酒

对酒当歌，人生几何。

譬如朝露，去日苦多。

慨当以慷，忧思难忘。

何以解忧，唯有杜康。

这首著名的《短歌行》是曹操所作。被曹操认为可以消忧解愁的酒究竟是谁发明的呢？

相传最先造酒的是夏禹时一位叫仪狄的女人，她用粮食造出了一种醇美的饮品——酒，并把它献给了大禹。大禹一尝，顿觉甘美，浓烈空前。后来大禹怕饮酒误事，告诫仪狄不要再酿酒，并断言：后世必有因酒亡国者。

另一个传说最早造酒的是夏王少康。少康小时候帮外公放羊，一天，他在山上突遇大雨，急着把羊赶回家，匆忙间把盛在竹筒里的秫(shú)米饭忘在了一棵树上。等到雨过天晴，少康赶着羊再次来到山上时，发现挂在树上的秫米饭已经变得气味芳香诱人了，他尝了一口竹筒里的饭汁，觉得甜美可口。这一意外的发现，使少康认识到了米饭发酵的作用，他便有意识地酿制这种能醉人的甜酒。

这个少康就是《说文解字》中所说的杜康，久而久之，杜康造酒就成了约定俗成的造酒传说，杜康也就成了酒神。

夏晚期青铜盉(hé)

二里头出土，是迄今所见最早的一件铜盉。盉主要用来调酒、温酒，盛行于商代后期和西周初期。

夏晚期青铜斝(jiǎ)
二里头出土。斝是盛酒或温酒的酒器和礼器，由新石器时代陶斝发展而成，盛行于商晚期至西周中期，基本造型为三足、一鋬(pàn，把手)、两柱。河南偃师商城博物馆藏。

杜康造酒的故事可能是后人杜撰的，但是酿造技术在夏代确实得以发展，一个有力的证据就是酿造器具的成熟。在二里头文化遗址贵族墓葬的随葬品中，占比例最大的就是酒器。酒器的组合有五种形式，即爵、爵觚(gū)、爵觯(zhì)、爵尊和爵盉(hé)，并以爵、盉成对出现为多。可见这一时期酒已是人们生活、饮食的一部分，尤其是贵族阶层，饮酒之风盛行。《诗经·小雅·宾之初筵》对此有一段精彩的描述——

宾之初筵，…………… 客人开始入筵席，
温温其恭。…………… 彬彬有礼很谦恭。
其未醉止，…………… 客人还未喝醉时，
威仪反反。…………… 仪表态度很庄重。
曰既醉止，…………… 一旦已经喝醉了，
威仪幡幡。…………… 言行举止就轻浮。
舍其坐迁，…………… 离开座位随处转，
屡舞仙仙。…………… 兴高采烈舞蹁跹。

夏代酒的品种主要有两种，一种是酒液与糟混合在一起的浊甜酒，另一种是用糯性粟酿成的清酒。到了商代，酒的品种更丰富了，有用粟、黍(shǔ)、稻

管流爵
夏代晚期，上海博物馆藏。

陶大口尊

二里头出土。此类大口尊最早出土于二里头文化遗址，商代早期
还被广泛使用。商代甲骨文和金文中的"酒"字与大口尊相似，有
专家推测"酒"字最早可能就是取大口尊之象形。这说明大口尊与
酒应有密切关系，可能是酿酒或贮酒之器。

等酿成的粮食白酒，还有果酒和药酒。
夏商时代酿酒业发展十分迅速，已由谷
物天然酒进入人工造酒的新阶段，酿酒
作坊相当普遍，批量生产也颇具规模。

二里头出土的陶大口尊

从此之后，造酒、饮酒之风一直流
传下来，成了中华酒文化的源头。

>>>阅读指南

李争平：《中国酒文化》。时事出版
社，2007 年 1 月。

王鲁地：《中国酒文化赏析》。山东
大学出版社，2008 年 8 月。

>>>寻踪觅迹

杜康仙庄 "杜康仙庄"为周平王封
赐，位于河南汝阳县杜康村，是酒祖造酒
遗址和酒文化的发源地，有 16 个酒文化
自然景观，以及中国酒文化博览中心等 22
个酒文化人文景观。

陕西白水县 保存有杜康庙、杜康
墓、造酒遗槽等古迹。每年正月举行杜康
庙会，祭祀杜康，评酒赛艺。

19. 外黑内红的漆器

朱漆大碗

浙江余姚河姆渡遗址出土。距今约7000年，是世界上最早的漆艺作品。浙江省博物馆藏。

在人们普遍使用陶器的时代，漆器的出现并流行也是中华文化的一个亮点。

据文献记载：尧禅让天下给舜，舜的食物器皿制作，都是砍伐山上的树木，削割成器之后磨修锯痕，再涂上漆墨。后来舜禅让天下给禹，禹所制作的祭器，外面涂上漆墨，里面描红色的彩画。这

>>>阅读指南

张荣：《20世纪中国文物考古发现与研究丛书·古代漆器》。文物出版社，2005年6月。

李盛东：《中国漆器收藏与鉴赏全书》。天津古籍出版社，2007年6月。

种外黑内红的祭器，就是漆器。

制造漆器的主要原料是漆。漆是用漆树上割取的汁液，经过加工提炼制成。漆汁无色透明，要配以各种颜料，才有颜色。我们的祖先早在新石器时代就开始利用漆制作漆器了。考古证明，漆器的历史已有6900多年了。夏代有漆器也有确凿的考古证据。二里头遗址就发现了数十件漆器，以觚为最多，还有匣、豆、盒、钵、匕、

漆绘黑陶罐

江苏吴江梅堰良渚文化遗址出土，苏州博物馆藏。

木觚
浙江余杭卞家山良渚文化遗址出土。专家推测它可能是一种礼器。

鼍(tuó)鼓
山西襄汾县陶寺遗址出土。鼓腔以树干挖制而成，外壁通体施彩绘，从鼓腔内散落的鳄鱼骨板可知是用鳄鱼皮蒙鼓。陶寺遗址出土了一批彩绘木器，有些彩皮剥落时呈卷状，其物理形态与漆皮相似，是迄今黄河流域出土的最古老的(漆)木器实物。

勺、瓢状器，以及漆鼓和漆棺。其中一件雕花漆器上饕餮(tāo tiè)纹清晰可见，另一件保存相当完整的漆觚，朱红底上赭色花纹，图案繁复美丽。夏代漆器是以丝、麻等天然纤维作增强材料，用火漆作黏合剂制成。

漆绘黑陶杯
江苏吴江梅堰良渚文化遗址出土，苏州博物馆藏。

漆器是中华民族对人类文明的重大贡献之一，世界上其他地区的漆器制造技术都是由中国直接或间接传去的。

>>>寻踪觅迹
荆州市博物馆 全国收藏古代漆器最多的地方，辟有专门的古代漆木器展室。
湖北省博物馆 收藏有战国曾侯乙墓出土的漆器、木器、竹器等大量精美文物。

缠丝线黑漆柲(bì)
商代。湖北阳新县白沙遗址出土。柲是古代兵器的柄。

20. 祸起荒淫夏族衰

卜骨
河南偃师二里头遗址出土。

夏朝历经四百多年的风风雨雨，到夏桀时，却祸起荒淫，走上了衰亡之路。

据说在今山东滕州市境内有一个叫有施氏的方国，年年给夏朝纳贡。由于夏王贪得无厌，横征暴敛，索要的东西（包括美女）越来越多，一时天下怨声载道，有施氏就带头不朝不贡。

当时在位的是夏朝第19任君王桀，他为了稳住江山，遏制四方造反的苗头，决定以武力征服有施氏。夏桀征集其他方国的数万大军讨伐有施氏。有施氏因寡不敌众，在浴血抵抗了几个月之后，不得不投降，而后献出公主、举国最美的姑娘——妹喜作为媾（gòu）和的条件之一，战争与联姻组成了夏王朝民族联系的最后一支交响曲！

夏桀征服有施氏、喜得美女之日，正是祸起红颜之时。自从得到妹喜之后，夏桀更加荒淫无度，不仅日夜不停地陪妹喜饮酒作乐，还挖空心思寻求刺激，讨红颜一笑：妹喜喜欢听撕裂绸缎的声音，他就从国库里搬出绸缎，让宫女撕给她听；令人挖了一个大池塘，里面满装美酒，他和妹喜就在酒池里划船；集合3000名壮士，让他们在酒池里牛饮，

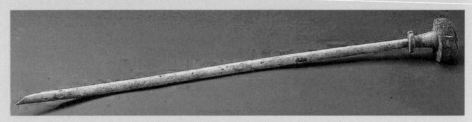

骨杖
河南偃师二里头遗址出土，中国社会科学院考古研究所藏。

旋涡纹灰陶饼
河南偃师二里头遗址出土，河南博物院藏。

陶排水管
河南偃师二里头遗址出土，中国社会科学院考古研究所藏。

许多人醉死在池中；命令奴隶套上缰绳拉车奔跑给妹喜看。更过分的是，夏桀让人把老虎放到正在营业的集市中，一时间人们惊慌奔逃，互相踩踏，死伤无数。看到人们狼狈的样子，夏桀和妹喜竟笑得前仰后合。夏桀还大兴土木，造寝宫、瑶台享乐，耗尽民脂民膏。

面对荒淫无度的昏君，老百姓敢怒不敢言。当时夏桀经常把自己比作天上的太阳，有的人就对着太阳指桑骂槐："你这个可恶的太阳，什么时候完蛋啊，我真愿意和你一道灭亡！"

夏桀不仅荒淫无度，暴虐无道，还穷兵黩武，连年用兵四方，致使政治腐败，民众怨恨，诸侯方国纷纷叛离，随着夏王朝末日的到来，夏族也走向衰落。

几何纹陶片
河南偃师二里头遗址出土，中国社会科学院考古研究所藏。

>>>阅读指南
　　沈长云：《中国历史》（先秦史）。人民出版社，2006年6月。
　　雨涵：《江山美人》。中国友谊出版公司，2008年6月。

>>>寻踪觅迹
　　河南博物院　收藏有众多夏代文物。

天
下
万
邦

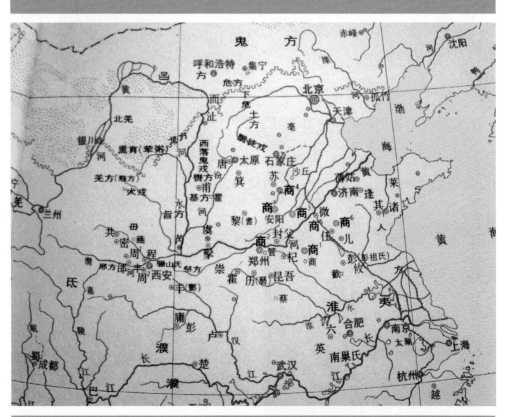

商朝中心区域及民族关系示意图（截自谭其骧主编《中国历史地图集》，中国地图出版社出版）

21. 天命玄鸟生商

天命玄鸟，

降而生商。

《诗经·商颂》中的寥寥八字，为后人讲述了商族起源的神话。

从甲骨文中可以确认商族在原始时代以被称为玄鸟的燕子作为自己的图腾，所以"天命玄鸟生商"之说以神话的形式透露了商族起源的信息。

《史记·殷本纪》记载了这个故事的

郑州博物馆藏商代玉鹦鹉

玉凤

河南安阳殷墟妇好墓出土。学术界和民间对玄鸟有凤凰、燕子等多种解释。

大纲："殷契，母曰简狄，有娀（sōng）氏之女，为帝喾次妃。三人行浴，见玄鸟堕其卵，简狄取吞之，因孕生契。"这个美丽的神话，随商族创造了中华民族554年的历史，几经演变，到汉晋时已演化成一个有血有肉的故事——

契的母亲简狄，是有娀氏的女儿。有一天，她和姐妹们在玄丘的河里洗澡，一只燕子飞过，掉了一个鸟蛋下来。这个蛋有五种色彩，十分好看，简狄和姐妹们都抢着要。简狄抢到蛋后把它含

"妇好"鸮尊
河南安阳殷墟妇好墓出土。商代鸟纹
或鸟形的器物很多，是商以鸟为图腾
的实物例证。中国国家博物馆藏。

鸟形玉器柄
商代。故宫博物院藏。

商代鸟形玉人
"玄鸟生商"传说反映的是
图腾生育信仰中的卵生崇
拜。中国国家博物馆藏。

在口中，不小心吞进了肚子里，就怀孕了。几个月后，简狄生了一个儿子，取名为契。

这个故事告诉人们，商族始祖契只知其母不知其父，可见当时还处在原始群婚制时代。契的母亲出于有娀氏，属于戎狄族群，是炎帝的后裔。商以鸟为图腾，这正是东夷人的特征。也就是说，商族的开山祖既出自夷人，又出自戎狄，是夷戎的混血儿。

契长大后，协助大禹治水立了功，被舜帝封于商（今河南商丘一带），赐姓子氏，可见那时夏与商已是你中有我、我中有你了。

>>>阅读指南
刘德增：《龙凤趣谈》。中华书局，2010年4月。
王玉哲：《中华民族早期源流》。天津古籍出版社，2010年1月。

>>>寻踪觅迹
河南商丘市　先商和商业的发祥地。相传商族始祖契佐禹治水有功，封于商。有火神台、商祖苑等众多相关文物古迹。

22. 商汤以宽治民

灰陶杯

商代前期。河南郑州二里岗出土。郑州二里岗的商代文化遗存叫二里岗文化，其年代介于偃师二里头遗址的早商文化和安阳殷墟的晚商文化之间。河南博物院藏。

商族起初是一个游移不定、不断迁徙的民族。据史书记载，从始祖契开始，到汤定居于亳(bó)的时候，商族已经将居住地迁了八次。对亳地的位置，史学界有今河南商丘、山东曹县等多种看法。

与夏桀的暴虐无道与荒淫无度相反，

>>>阅读指南

王震中：《商族起源与先商社会变迁》。中国社会科学出版社，2010年11月。

黄懿陆：《商族源流史》。云南美术出版社，2010年2月。

汤勤政爱民，以宽治民，对内鼓励人民安心农耕畜牧，对外团结与商友善的诸侯国、方国。汤经常出外巡视。有一次，汤在郊外的树林中看见一个人在树上挂网且喃喃自语："天上来的、地上来的、四面八方来的鸟都飞进网里来吧。"汤听见了，对那人说："如此张网是会捉尽杀绝的，实在太残忍了。你撤掉三面的网，留下一面吧！"那人照办了。汤祷告道："鸟儿啊，你们愿意往左的就往左，愿意往右的就往右，不听话的，就向网里

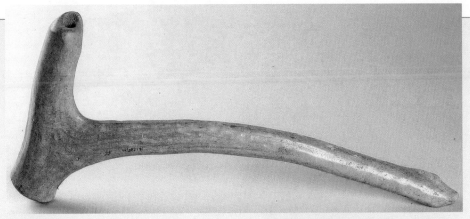

鹿角锤

河南郑州商城遗址出土。利用鹿角自然弯曲的特点，经简单加工制成，磨制和使用痕迹明显。郑州博物馆藏。

钻吧!"随后，汤对那人说，对待禽兽也要有仁德之心。汤对禽兽网开三面的事很快传开了，人们都称赞他宽厚仁慈，认为他是有德之君，拥护、归顺他的人越来越多。

当时正是夏桀遭到天怒人怨的时候。有远大抱负的汤开始积蓄粮草，招集人马，训练军队，做灭夏的准备。亳的西面是一个叫葛的诸侯国，在今河南宁陵县。葛伯忠于夏桀，汤想争取他。葛伯好吃懒做，连祭祀天地神鬼这样的国家大事都已很长时间没有举行过了。汤派使者前去询问原因。葛伯回答："没有牛羊作祭品。"汤就派人送去牛羊，葛伯却煮了吃。汤又派人去问为什么不祭祀，葛伯回答："没有谷物作祭物。"汤就派人到葛地帮忙种庄稼，葛伯却带人在半路拦抢那些送给种地人吃的酒饭，还威胁说不给就要被杀死。有一次，一个小孩去送酒饭，因反抗抢劫，竟被葛伯的

人杀了。仁至义尽的汤这才讨伐葛伯，率兵把葛伯杀了。天下人都说："汤不是贪图天下的财富，而是为老百姓报仇!"

云雷纹扁足鼎

商早期。河南郑州向阳回族食品厂商代青铜器窖藏坑出土（有专家认为这一区域属商汤亳都遗址），河南省文物考古研究所藏。

铜援玉戈
河南新郑市望京楼夏商城址出土，河南博物院藏。

乳钉纹铜方鼎
商代早期。河南郑州张寨南街出土（有专家认为这一区域属商汤亳都遗址），是中国目前发现的年代最早的大型铜方鼎。河南博物院藏。

兽面纹灰陶簋
商代前期。河南郑州市旮旯王村出土，河南博物院藏。

接着，汤挥师征伐夏的属国韦、顾、昆吾等，一共出征 11 次，无往而不胜。汤得到了各民族的拥护，人们盼望汤，就像大旱年月盼望雨水一样。汤决定乘胜讨伐已成孤家寡人的夏桀。夏桀仓促应战，一路败退，汤则愈战愈勇，彻底击溃了夏桀的军队。最后，夏桀逃到南巢（今安徽巢湖市西南），被商军俘获，不久病死，夏王朝灭亡。

汤安抚了夏朝臣民后，在斟鄩举行了祭天仪式，然后率军回到亳地，在那里大会"三千诸侯"，"天下诸侯莫不宾服"，商王朝建立。

汤建国后，少征赋，鼓励生产，安抚民心，国力日益强盛，民族间的联系也更加紧密了。为了加强对四方诸侯的控制，汤把王都迁到原夏都斟鄩附近的西亳，即今河南偃师商城遗址，揭开了商朝历史新的一页。

>>>寻踪觅迹

山东曹县　古称北亳，商汤在此会三千诸侯并立国建都，留有汤陵、景山等相关古迹，附近亳城、涂山、楚丘是夏商周三代文明圣地。

河南偃师商城遗址　即商都西亳遗址，出土的文物大部分收藏在附近的偃师商城博物馆。

23. 盘庚迁殷开新局

复原的殷墟宫殿建筑

商族是个流动不定的族群，汤建商朝前商人已迁徙了八次，汤建商后又迁了五次。频繁迁移的原因，主要是水灾等自然灾害、外族入侵或内部矛盾。

商族屡迁的情况到了商朝第 20 位王盘庚时发生了变化。原来，汤死后，商王室内部开始争权夺利，尤其是在王位的继承上，叔侄之间、兄弟之间斗得你死我活，把国家搞得混乱不堪。天灾频繁，而王室贵族的生活却越来越腐化，搞得民族关系紧张，时有族群反叛。到盘庚即位时，商王朝已处在危机的边缘。

为了复兴大业、安定天下、稳定四方族群，盘庚决定把都城迁到当时比较荒芜的殷地，以抑制贵族的奢侈，缓和社会矛盾，摆脱政治困境。

贵族们过惯了故都舒适的生活，竭力反对迁都，一部分贵族还煽动平民闹事。盘庚把那些反对迁都的大臣、贵族们叫到王庭，告诉他们：迁都的计划是不会变更的，你们应当同心同德按照我的意见行事，假如你们行为不善，猖狂

>>>阅读指南

朱彦民：《商族的起源、迁徙与发展》。商务印书馆，2007 年 8 月。

陈志达：《20 世纪中国文物考古发现与研究丛书·殷墟》。文物出版社，2007 年 3 月。

放肆，违反法纪，曲巧诈伪，我就把你们杀掉，并且还要杀掉你们的后代，不让他们在新城里繁衍！盘庚还发布了严厉的迁都文告，贵族们只好服从。于是，盘庚带着臣民渡过黄河，迁到殷地去了，史称"盘庚迁殷"。

到达殷地后，盘庚又以强硬手段制止了贵族们搬回旧都的企图，从此，商族人在殷地安定下来。迁都后，盘庚整顿朝政，实行比较开明的政策，使人民安居乐业。他还提倡节俭，改良风气，商朝逐渐出现了复兴的局面。此后270多年，商朝没有再迁都，殷也发展成为一个十分繁荣的都市，因此商朝也被称为殷朝或殷商。

殷就是今河南安阳的殷墟，它位于太行山东麓，西高东低，像一个簸箕，前面是一片大平原，土地肥沃；古黄河

人面龙纹盉
传殷墟出土，美国弗利尔美术馆藏。

支流洹(huán)水自西北向东南穿过，取水、用水方便，便于农业生产和居民生活。另外，殷正处"簸箕"口处，地势险要，可以对各族群进行有效管理。这样，商族社会经济就从游牧向定居农业转型，从而结束了"荡析离居"、"不常厥邑"的迁徙生活，永久地定居于殷地，因此商族又被后世称为殷人。

殷墟出土的青铜人面既写实又充满神秘感

>>>寻踪觅迹

殷墟遗址　商代后期都城遗址，位于河南安阳市小屯村及其周围。从盘庚到商灭亡，商朝以此为都达273年。从1928年至今，考古发现110多座商代宫殿宗庙建筑基址、12座王陵大墓、2500多座祭祀坑、众多的族邑聚落和手工业作坊遗址等，出土了数量惊人的甲骨文、青铜器、玉器、陶器、骨器等精美文物。修建在殷墟宫殿区遗址上的殷墟博物苑，复原了部分殷代王宫殿堂建筑，并陈列殷墟出土文物。

24. 武丁使天下齐欢

后母戊大方鼎（曾称司母戊鼎）
河南安阳出土，是迄今为止世界上发现的最大青铜器。中国国家博物馆藏。

商朝王位的继承制度是可"子继"，也可"弟及"，就是说既可以传给儿子，也可以传给兄弟。商族的先祖盘庚和他的兄弟阳甲、小辛、小乙，他们都继承过王位，是商王朝"弟及"次数最多的一代。到最后一个弟弟小乙时，他不再把王位传给长兄阳甲之子，而是传给了自己的儿子武丁。

武丁的成长是很有故事性的。在父亲小乙的安排下，武丁从小就在民间从事农业劳动，与"小人"来往，惠爱百姓。即位后，武丁居丧三年，沉默不语。因为他不轻易说话，所以说出话时就让人高兴。武丁励精图治，任用贤能，不仅得到了臣民的拥护，不少原来与商为敌的方国也转而臣属于商。

公元前1247年，据说武丁得到一个梦的启示，从民间找到一个筑墙的奴隶，将他任命为宰相，这个人就是历史上鼎鼎有名的傅说。

实际上，傅说年轻时就与武丁交上了朋友，他觉得武丁虽是商王的儿子，却没有贵族的高傲，能和平民平等相处，很是赞赏。武丁觉得傅说虽有雄才大略，可惜是个奴隶，没法重用他。武丁继位后，为了起用傅说，苦思冥想，利用人们的迷信心理，演了一幕威震文武百官的哑剧。

一天，武丁对大臣们说："我当了国

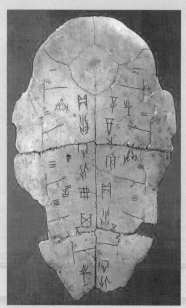

武丁早期刻有征讨卜辞的甲骨文

指示的方位找到了傅说。武丁见到好朋友，喜出望外，赶紧让傅说换了朝服，拜为宰相，并让大臣们尊称傅说为"梦父"。傅说竭尽文韬武略之才，用了三年工夫，辅佐武丁把朝政治理得秩序井然。武丁时代开始形成了一个庞大的官僚机构，并组建了一支相对固定而庞大的军队。

内政巩固之后，武丁就开始了大规模的对外征服战争。首先是迫使周边叛君，希望有一个大才大德的人帮助我治理国家，请大家举荐。"大臣们议论纷纷，挨个把王公贵族的名字说了一遍，武丁总是摇头叹息，接着竟晕了过去，经过一番抢救，才慢慢醒来，却一言不发。从此，武丁整整三年都不讲话。一天，武丁突然大笑并讲起话来："我梦见先王了，他给我推荐了一位大圣人，名叫傅说，说这个人一定能辅佐我治理好国家。"大臣们信以为真，立即遵照武丁

>>>阅读指南
　唐际根：《殷墟——一个王朝的背影》。科学出版社，2009年1月。
　李雪山：《商代分封制度研究》。中国社会科学出版社，2004年8月。

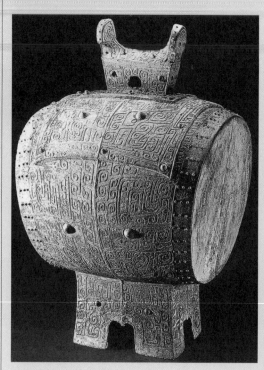

兽面纹铜鼓

商代晚期。湖北崇阳县出土。这是我国现存最早、国内唯一的商代铜鼓，专家认为它可能是商代的战鼓，与文献记载的武丁南征伐荆楚有关。湖北省博物馆藏。

大理石对尾双伏兽形立雕
河南安阳殷墟西北冈 M1001 号大墓（疑为武丁墓）出土，重达上千克。

服无常的小邦完全臣服，接着攻打今山西南部、河南西部一带的小邦，如甫、衔、让等，扩大了版图。这时西北的少数民族鬼方、羌方和土方日益强大起来，成为商朝的心腹之患，也成为武丁对外用兵的重点，其中对鬼方的战争就持续了三年。之后，武丁又出兵荆楚地区，征服了夷方、巴方、虎方等。到武丁末年，商朝已成为西起今甘肃，东到海滨，北及大漠，南逾江汉，包含众多部族的泱泱大国，奠定了秦始皇之前华夏族大体上的疆域。

为了控制广大被征服的地区，武丁把自己的妻、子、功臣以及臣服的少数民族首领分封到外地，被分封者称为侯或伯，从而开创了分封制的先河。其中周人的祖先就是在武丁时代被征服并接受了分封的。

武丁统治时期，商朝的政治、经济、文化都得到空前发展，国力趋于鼎盛，史称"武丁中兴"。考古发现证明，在武丁时代，中华文化的显著特征——祖先崇拜就已经定型，中国青铜时代进入繁荣时期。到目前为止，殷墟所发现的商代甲骨文和青铜器，有相当一部分是武丁时代的，"青铜器之冠"后母戊大方鼎就是武丁时代的杰作。

武丁"大治"商朝 59 年，这在平均寿命不高的商代，确实是个奇迹，后世尊之为"高宗"。

>>>寻踪觅迹

殷墟王陵遗址 位于河南安阳市洹水北岸，共发现带墓道的大墓 13 座和 2000 多座祭祀坑和陪葬墓，其中编号为 M1001 的，被认为是商王武丁的陵墓。

25. 联周方开拓西北

甲骨文中明确记载，商代中华大地上有方国 70 多个，其中就有与商朝敌对的工方、旁方和周方。

工方是地处今陕西、山西北部和内蒙古南部一带的游牧民族，在武丁时期人口增多，经济发展，势力壮大，常常侵扰商朝边疆地区，抢掠生活和生产资料。工方周围的小方国虽然是商的属国，但仍然无法避免被掠夺和践踏，武丁很伤脑筋。由于兵力不够，武丁只好天天占卜祷告。可是工方的侵扰逐渐扩展到商朝都城附近，并且愈演愈烈，一时间，被骚扰的报告纷纷传来。北方另一个游牧民族土方看到这种情况，也趁火打劫，

凤首笄形器
商代方国遗物。山西忻县莲寺沟出土，山西博物院藏。

人首笄形器
商代方国遗物。山西忻县莲寺沟出土，山西博物院藏。

羊首勺

商代方国遗物。陕西清涧县解家沟出土，陕西历史博物馆藏。

抢了商王都东郊两个邑的粮食。

武丁忍无可忍，在积蓄了一定的力量之后，决心出兵征伐工方。除了常备军外，武丁还临时征集了3000名士兵。同时，他下令将西北被工方侵扰的各族首领组织起来进行自卫，并调集东部和西部驻地的武装协同作战。为了弥补兵力的不足，武丁有时还把奴隶和仆人组织起来，开赴前线。武丁动用了一切可以动用的力量，集中出击工方。经过长达十几年的战争，工方终于被歼灭。工方的一部分人逃往远处，与其他民族融合；一部分被商军俘虏，成了商族祭祀用的"人牲"；还有一部分则成为商贵族的奴隶。

对于土方的趁火打劫行为，武丁当

然不会轻易饶恕，趁着攻伐工方的势头，他马上发动了对土方的战争。这是一场持久战，甲骨卜辞中涉及商与土方发生冲突的词条就达上百条之多，讲到武丁指挥的兵力，一般有3000人，多的达到5000人，武丁及其妻妇好都曾亲自率兵作战。

用五百宰卜骨

武丁时期。刻辞记载商王一次杀五百宰（奴隶）祭天、征伐土方等事。天津博物馆藏。

>>>阅读指南

孙亚冰、林欢：《商代地理与方国》（商代史·卷十）。中国社会科学出版社，2010年10月。

罗琨：《商代战争与军制》（商代史·卷九）。中国社会科学出版社，2010年11月。

蛇首匕
商代方国遗物。山西石楼县后兰家沟村出土，山西博物院藏。

舞铙
商代方国青铜乐器，舞动时发出声响，极富北方草原民族特色。山西石楼县曹家垣村出土，山西博物院藏。

面对武丁凌厉的攻势，土方节节败退，首领被杀，大批人被俘虏，沦为奴隶，还有一部分归顺了商朝，成为商的子民。土方归入商的版图后，为了安抚当地民众，武丁还经常去视察，表示对他们的关心。

对工方和土方作战的胜利极大地鼓舞了武丁，接着他又及时地发动了对鬼方的战争。鬼方也是一个游牧民族，居处不定，擅长骑马射箭，从来就不向商朝纳贡，也曾骚扰过商的属国和疆域。武丁召集了上万军队与鬼方作战，可是商军对西北地形不熟悉，对多变的气候不适应，鬼方骑兵来去迅速，箭法精准，经常突然袭击商军，使武丁损失惨重。

正当武丁一筹莫展的时候，曾经受到鬼方侵扰的周方愿意出兵支援。周方派出一支军队与商军呼应，共同打击鬼方。周方的军队机动灵活，常常把敌人引入商军的埋伏圈，然后进行歼灭。经过三年的苦战，终于迫使鬼方投降并臣服于武丁，定期向商朝进奉纳贡。

西北的氐羌慑于商强大的军事力量，也派使者前来朝贺，这使商朝的民族联系向西北方向深入。

周方的军队由于在战争中的优异表现，得到了武丁的嘉奖和赏赐，无形中提高了周方的地位，这个周方就是后来克商的周族。

>>>寻踪觅迹
　　山西博物院　商代北方方国文物是其一大特色。

26. 杞人忧天说夏族

杞伯敏亡簠
春秋早期。清道光至光绪年间山东新泰市出土。杞伯即杞国国君。铭文表明此簠是杞伯敏亡为其妻邾曹所铸。武汉市博物馆藏。

商朝时，有一个杞国人总是担忧天会崩、地会陷，自己无处可安身，因此终日睡不着、吃不香。

有个人开导说："天不过是积聚的气体罢了，无处没有气体，你弯腰伸腿，一呼一吸，终日在天中活动，为什么会担心它崩塌呢？"

那个杞人说："天如果真的是积聚起来的气体，那么日月星辰难道不会掉下来吗？"

开导的人说："日月星辰只不过是积聚的气体中有光辉的部分，即使掉下来，也不会伤着什么。"

杞人又问："地陷下去了怎么办？"

开导的人说："地不过是积聚的土块罢了，它充满所有的角落，无处没有土块。你蹩步、行走、践踏、跳跃，终日

>>>阅读指南
　　沈长云：《杞文化与新泰》。中国文联出版社，2000 年 6 月。
　　胡厚宣、胡振宇：《殷商史》。上海人民出版社，2003 年 4 月。

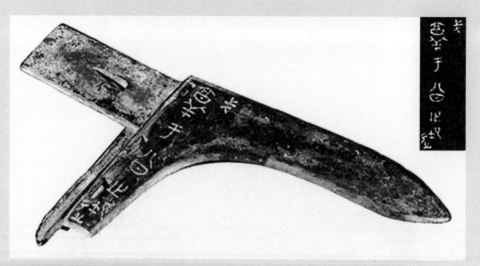

淳于公之御戈

战国。山东新泰市出土。杞国国君曾被齐国封为淳于公，这也是杞国存在的实物证明。

杞伯敏亡壶

春秋早期。清道光至光绪年间出土于今山东新泰市，上海博物馆藏。

在地上活动，怎么会担心它陷下去呢?"

可是，无论人家怎么说，杞人都难以释怀，仍然为那些不必要的问题担忧。

这就是成语"杞人忧天"的来历。后人用这个成语比喻自寻烦恼，为一些不必要或缺乏根据的事忧虑和担心。

杞人生活的杞国，在今山东新泰市一带，商灭夏后，把夏族移民于此。在中华民族开始形成时最先脱颖而出的夏族保留着自己的文化，一直从立国到春秋时期。

>>>寻踪觅迹

山东新泰市 商周时期曾是杞国国都，杞人忧天的故事就发生在这里。有关杞国的出土文物大部分收藏在新泰市博物馆。

27. 西戎牧羊人

甲骨文"羌"字
"羌"的汉文意思就是"牧羊人"。

西戎牧羊人就是羌人。

羌人最早分布在今青海东部的湟水流域和青海海南藏族自治州赐支一带。大禹时，一部分羌人因辅佐禹治水有功，留居黄河以南，被封为许多姜姓国，如

吕国、申国、许国等。商朝建立后，羌人也曾到商朝拜。当商发生大旱时，羌人还表示友好和慰问。到了武丁时，被称为"羌方"的羌人开始强大起来。

当时，羌方地域广大，大致据有今甘肃大部、陕西西部，东达今山西南部和河南西北一带。羌方分为两支，一支因分布在北边称为"北羌"，另一支因善于养马而称为"马羌"，他们过着游牧生

祭祀狩猎涂朱牛骨刻辞（正面）
河南安阳出土。记载商王武丁用羌人进行祭祀等情况。

>>>阅读指南
中国人民革命军事博物馆：《中国战典》（上、下册）。解放军出版社，2008 年 8 月。
王明珂：《寻羌——羌乡田野杂记》。中华书局，2009 年 5 月。

兽形觥

山西灵石县旌介村出土。旌介商墓青铜器多铸有族徽和单体字铭文，如"高""天""辛""羌"等，说明这一带当时也是羌人的活动范围。山西博物院藏。

活。羌方是武丁感觉最棘手、最难协调的一个民族，甲骨卜辞中就有占卜羌方是否有害于商朝，说明羌方是商朝面临的重大威胁力量。

武丁常常派兵征伐羌方，用兵数量远远超过征伐其他方国。有一次，武丁曾调集 1.3 万余人的军队征伐羌方，其中不仅有被称为"王旅"的王朝精兵，还有其妻妇好的军队。有一次，征羌方竟然延续了三年之久。

商与羌有战争，但战争的结果往往是羌深入商地，而商人也不断进入西北广大地区。商与羌也有和平，甲骨文中就有"来羌"的记载。这种交叉、深入、广泛的交流，使民族关系得到了加强，所以，武丁之后，商与羌的关系逐渐好转。武乙、文丁时期，羌方首领常来朝见，并进贡占卜用的牛胛骨，受到商王的欢迎和接待。

>>>寻踪觅迹

四川茂县 中国最大的羌族聚居区和羌族文化核心区，建有羌族博物馆。黑虎羌寨以其"依山居之，垒石为室"的建筑风格引人注目。

28. 象队征东方之人

东方之人指的是商朝时的东夷。

东夷与商朝有着密切的关系，商的始祖是从东夷的帝俊族发展而来的，因此商与东夷同源，都以鸟为图腾。

商代东夷分布在济水、泗水、淮水流域，大致范围在今山东、江苏、安徽等省，分为人方、莱夷、淮夷、盂（yú）方等，与商族一直保持着联系。

小臣艅（yú）犀尊

制作年代约在商朝帝乙、帝辛（纣王）时期，铭文记载商王征伐人方的战争。清道光年间山东梁山县出土，美国旧金山亚洲艺术博物馆藏。

到商的晚期，卜辞中常见征伐人方、尸方的记录，而且有的记录说明商对东夷的征伐时间持续较长，规模也较大，远涉淮河流域。经过长时间的征讨，东夷的大部分族群都表示顺服，向商朝称臣，并定期进奉纳贡。这种和平友好的态势维持了很长一段时期。到了商朝最后一个王——纣王的时候，由于他穷奢

>>>阅读指南
张富祥：《东夷文化通考》。上海古籍出版社，2008 年 11 月。
李白凤：《东夷杂考》。河南大学出版社，2008 年 4 月。

极欲，搜刮民脂民膏，周边属国贡赋繁重，苦不堪言。商纣王还不顾人民死活，在今山西的黎城召开诸侯大会，逼迫诸侯增加贡赋。

诸侯大会那天，纣王派重兵在会场及四周布置岗哨，戒备森严，让人不寒而栗。四方诸侯陆续进场后，纣王就当着众人的面操练兵马，进行军事演习，很明显就是通过显示自己军事力量的强大，向各族施压。演习之后，纣王就堂而皇之地宣布了增加贡赋的原因、意义以及具体的实施方案。大部分诸侯迫于压力表示愿意接受，但很大一部分东夷

部落的首领对纣王的贪婪无耻义愤填膺，没等大会结束就愤然离去。不久，东夷各族纷纷举起义旗，公开反对纣王，甚至拒绝交纳原先规定的贡赋，战争一触即发。

纣王勃然大怒，以违抗王命为由讨伐东夷。他调集四方的精锐部队，亲自率领大军进攻东夷。这次进攻的重点是实力雄厚的人方，当然也连带周围的许多方国。战争打得非常惨烈，双方互有攻守，损失巨大。

正当战局相持不下的时候，纣王把一支威力强大、训练有素的象队派往前线。象队不仅可以运输战略物资，而且可以用来毁坏对方的房屋和防御设施。硕大的象群被商兵驱赶着冲向敌阵，发

人面铜钺
山东青州市苏埠屯商墓出土。正面和背面人面形口部的两侧有"亚丑"铭记，专家认为亚丑是商代东夷一个势力强大的独立方国。山东省博物馆藏。

出阵阵吓人的吼叫，东夷士兵惊呆了。人力根本抵挡不住力大无比的大象，被践踏和摔死的东夷士兵不计其数。象队所到之处，东夷军闻风丧胆。在这种惨烈的进攻下，东夷各部纷纷投降，表示愿意接受更繁重的贡赋。纣王俘虏了许多东夷人，掠夺了大量的财物，心满意足地班师回朝。尽管战争取得了胜利，但是与东夷大规模的战争还是极大地损伤了商朝的国力，加速了商朝的灭亡。

尽管商与东夷发生过几次大规模的战争，然而从西周初期东夷与商遗裔联合起来反对周王的情况看，商与东夷的关系还是比较亲近的，真是"打断骨头连着筋"，他们毕竟同源同祖啊！

象尊
商代。湖南醴陵县狮形山出土，湖南省博物馆藏。

>>>寻踪觅迹

山东青州 远古东夷之地，境内苏埠屯发现商代大型古墓葬，出土了大量陶器、青铜器、贝币、金箔等古代遗物。相关文物在青州市博物馆、山东省博物馆有藏。

29. 以熊为图腾的荆楚

湖北武汉东湖磨山景区楚国祖先鬻熊塑像

荆楚是一个以熊为图腾的民族。上古时代，熊因勇武而受到原始人类的尊仰，曾被列为人们的崇拜之首。荆楚以熊为图腾与黄帝族有渊源关系。《史记·五帝本纪》说黄帝以熊为图腾。追根溯源，荆楚是黄帝的裔孙颛顼之后，是祝融的子孙，因此，后起的楚族君

"维女荆楚，居国南乡"，"挞彼殷武，奋伐荆楚"。《诗经·商颂·殷武》告诉人们：只有你这个荆楚，居住中国的南方，武丁神速真勇武，奋起威力伐荆楚。可见荆楚是商朝时南方重要的民族，它也认同殷商是君长，不敢不前来进贡，不敢不前来朝王。

>>>阅读指南
刘彬徽：《早期中国文明 —— 江汉文化与荆楚文明》。江苏教育出版社，2008年1月。
石宗仁：《荆楚与支那》。民族出版社，2008年6月。

楚人的玉覆面
湖北荆州市秦家山出土。这是迄今为止我国考古发现的唯一一块用整块玉做成的丧葬面具。荆州博物馆藏。

楚王熊肯匜(yí)鼎

铭文所记载的楚王熊肯经考证为战国时期楚考烈王。

楚子鼎

春秋晚期。湖北当阳市赵家湖出土。尽管后世楚君称王称霸，但他们始终没有忘记"楚子"这一封号。湖北省博物馆藏。

和楚王，自穴熊至熊元止，延续了千余年，46代君王中以熊为名的就有29人。

楚先人的部落最初在商都朝歌的南方，即今河南新郑一带。楚先祖鬻熊传说曾是周文王的老师。周成王时，鬻熊的曾孙熊绎被封为楚子，意为楚地的子爵。商末周初，楚人从北方迁徙至丹阳（古丹阳位于今丹江口水库淹没区内），从中原进入今湖北境内。从此，楚人扎根于南方并逐渐强大起来。

王，差不多每个王名的开头都有一个熊字，如鬻(yù)熊、熊绎等。有人甚至考证说："熊"就是"王"的意思。楚的首领

>>>寻踪觅迹

荆州博物馆 全面系统地展示了荆楚文化的璀璨风采。有江汉平原原始文化、江汉平原楚汉文化等具有浓郁地方特色的专题展览。

30. 神秘的古蜀

青铜立人像

三星堆出土。连座高达 2.62 米，大眼直鼻，方颐大耳，戴冠，穿左衽长袍，佩脚镯。其身份有国王、巫师等多种解说。

青铜纵目面具

三星堆出土。造型极度夸张，大耳高耸，眼球呈圆柱状向前突出。史书曾记载蚕丛纵目的传说，有人推测这种面具可能就是古蜀王蚕丛的神像。

蚕丛及鱼凫(fú)，

开国何茫然。

尔来四万八千岁，

不与秦塞通人烟。

……

这是唐朝诗人李白在《蜀道难》中喟叹先秦古蜀国的诗句，诗中的蚕丛、鱼凫是传说中古蜀国的先王。由于先秦文献中没有详细记载，古蜀国的历史一直是云遮雾罩，充满了神秘色彩。

按照《华阳国志》等史书的记载，古蜀国先王的名号有些怪异，他们叫蚕丛、柏灌、鱼凫、杜宇、鳖灵。

传说古蜀人的先祖为蜀山氏，3000年前居住在岷山河谷地区。古蜀的开国之君蚕丛是蜀山氏女子与黄帝的后代，

青铜鸟头

三星堆出土了大量鸟形器。古蜀国的第三代王叫鱼凫，凫就是鸟，即鱼鹰。鸟图腾笼罩整个三星堆文明。

被分封做了蜀地的侯伯。第三代蜀王鱼凫执政时正值商末，蜀人参加过周武王伐纣的战争。

春秋时期，蜀王是杜宇，号望帝。那时蜀国经常闹水灾，杜宇想尽各种方法，但始终不能根除水患。后来杜宇任

>>>阅读指南

张擎：《古蜀文明》。成都时代出版社，2009年5月。

肖平：《古蜀文明与三星堆文化》。四川人民出版社，2010年4月。

用鳖灵为相治理洪水，水患平息后，人民得以安居乐业。杜宇便禅位给鳖灵，自己归隐山林。鳖灵号开明帝、丛帝，建立开明王朝。开明王朝历12世，直到战国时期蜀为秦所灭。据说望帝生前爱护人民，死了仍然惦念百姓的生活。他的灵魂化为杜鹃，每到清明、谷雨、立夏、小满等节气，就飞到田间一声声地鸣叫，提醒人们及时播种、插秧、除草、给庄稼施肥，李商隐因此写下了"望帝春

心托杜鹃"的诗句。

古蜀国的这些历史传说是否真实呢？长期以来人们将信将疑。幸运的是，当代四川广汉市三星堆和成都市金沙遗址的考古发现不仅证实了古蜀国的存在，还表明它具有高度的文明。

三星堆遗址的年代从新石器时代晚期一直延续到商末周初，它的发现将古蜀国的历史推前到5000年前。遗址中出土了铸造精美、造型神异、极具特色的

三星堆出土的青铜眼形器

黄金手杖、黄金面罩、青铜人头像、青铜立人像、青铜神树和种类繁多的玉石器、象牙、海贝、陶器等。尤其是数量庞大的青铜人头像，高鼻深目或眼球突出，颧面外突，阔嘴大耳，嘴角上翘呈微笑状，充满了怪诞、诡异和神秘之感。

对于古蜀人的族属，有濮人说、氐羌说、古彝说等；对三星堆及早期蜀文化的渊源，也有土著说、东来说、西来说和北来说等多种。从出土文物的多元文化元素来看，以三星堆为代表的早期蜀文化应该是多源的，而且蜀文化与商文化的发展是平行的，长江流域与黄河流域同是中华民族文明的发祥地。

三星堆出土的青铜人头像

有数十尊，与真人头大小相当，面部表情严肃、神秘，有的头像还包敷着金面罩。对这些青铜头像的性质、功能等，学术界众说纷纭，莫衷一是，有人认为它们和祭祀有关，有人认为它们应该是古蜀人的列祖列宗，还有酋长说、鬼神说等。

>>>寻踪觅迹

四川郫县 古蜀都，有杜宇、鳖灵时期的都城杜鹃城遗址，有望帝和丛帝墓葬以及纪念二帝的望丛祠等相关人文景观。

三星堆遗址、金沙遗址 两个前后相继的蜀文化遗址。考古发现表明，三星堆废弃后，古蜀人迁居到金沙，二者具有渊源关系。遗址上均建有博物馆，展示富有特色的珍贵出土文物。

31. 髡头的奚族

古崖居遗址
位于北京延庆县东门营村，有洞窟石室174个，居室格局与今天的北方
民居极为相似。文物部门认为它是唐末五代时期奚族的聚落遗址。

编发髡头的形象

东北古老的民族奚在商代开始亮相。

在甲骨文和金文中，"奚"字具有一种鲜明的含义：它的顶端是象形的"手"字，也有"首"的意思；中间的三连环读"系"，是奚字的母音，表示编发（辫子）髡（kūn）头，意思是既编发又剃头；而底下的"大"字则代表人体的全身。因此，从发型上看，奚族人有编发髡头的风俗习惯。

奚族是商朝时生活在东北地区的古老民族，他们以畜牧业为主，蓄养马、牛、羊、猪等，擅长骑射，居住在用毡做的帐篷里，把车围成环状，作为营地。

奚族与商来往非常密切，因为奚族地区盛产白马，所以就向商朝贡白马。西周时，奚被周族征服，大多成了奴隶，被称为奚隶。奚族是西汉时兴起的乌桓人、鲜卑人的先祖。

>>>阅读指南
穆鸿利：《中华地域文化大系·松辽文化》。内蒙古教育出版社，2006年12月。
翁独健：《中国民族关系史纲要》。中国社会科学出版社，2005年7月。

>>>寻踪觅迹
河北青龙县　古奚族聚居区之一，传说奚族曾在此建立奚国，有祖山、铁瓦乌龙殿、民族文化博物馆等相关景观。

32. 邑——商代的社区

在这片甲骨上，商王卜问是否要建立新的有围墙的大聚落（邑）

通常认为，古代的邑是一种社会组织，用来计量或标示一定的人与地相结合的社会结构，是一种社会实体。在商代，邑大体可以认为是居民聚居点。邑按照规模有大小之分。如商王的都城规模可观，可以称为大邑。甲骨文中就有用二邑、三邑、四邑、廿邑、卅邑等表示居民聚居点的。

在甲骨文的卜辞中，我们可以发现有些邑中有农田。商王曾亲自卜问邑内农田能否得到好的收成。由此可见，邑内谷物收获是商朝王室一项重要的收入来源。

在诸侯和贵族所管辖的地区内，广大的农村也是以邑为基本单位。例如周

>>>阅读指南
　　王震中：《商代都邑》（商代史·卷五）。社会科学出版社，2010年10月。
　　宋镇豪：《夏商社会生活史》（增订版）。中国社会科学出版社，2005年10月。

兽面纹簋
湖北黄陂盘龙城遗址出土。有专家认为盘龙城是商人为了巩固在南方的统治而建立的一个方国都邑或军事城堡。湖北省博物馆藏。

是距离商朝比较远的一个诸侯国，这里基本的居住单位也是邑。

在河南安阳市小屯村南部边缘的徐家桥村北地，发现了近5万平方米的大型商代晚期族邑基址。基址中有3座房址连在一起，东西长40余米，还有4座房址组成了四合院式的围屋，多数房址进深为3.5米，说明商代后期房屋建筑已成定制。

百年殷墟考古证实，在以小屯为中心的殷十都周围，密布着许多族邑、手工业作坊和家族墓葬群。这些遗址群围绕宫殿宫庙区呈圆环状放射性分布，构

徙斝(jiǎ)

河南温县小南张出土。商代青铜器上的铭文相当一部分为作器者的家族名号。河南博物院藏。

成了以宫殿宫庙区为中心，轮廓完整、规模宏大、分布密集的商代晚期都城遗址。

商代，邑已普遍存在，它不仅是中国村落的滥觞，对于以地缘关系为纽带的民族关系的稳定也具有重要意义。

>>>寻踪觅迹

盘龙城遗址 位于湖北黄陂区杨家湾，是商代前期城市遗址，上限相当于二里头文化晚期，下限相当于殷墟早期。遗址上建有文物陈列室，湖北省博物馆收藏有相关文物。

商王卜问农业是否能得到上天眷顾有好收成的甲骨

33. 内服与外服

双面神人头像

江西新干县大洋洲出土。大洋洲商墓出土了众多精美奇特的青铜器，包括工具、农具、礼器、兵器等，表明商朝的外服地区同样存在高度发达的青铜文明，并非"蛮夷之地"。江西省博物馆藏。

鸮(xiāo)卣(yǒu)

河南罗山县天湖商代息国贵族墓葬出土。有专家论证息族是商朝的异姓方国，曾与商王通婚，武丁伐荆楚后成为商朝的南方屏障。河南博物院藏。

商是个大国，商王把国家划分为内服和外服进行管理。

内服指的是由商王直接统治的王朝中心地区，又叫王畿(jī)。内服居住的主要是商王的同姓或姻亲。外服指商中心区域以外服从于商王统治的其他族群及其居住区域，这些方国或族邦有自己的居邑、武装组织和职官系统，对于商族人来说，它们是"异姓"。

内服的官吏分外廷政务官和内廷事务官。最高的政务官是协助商王决策的相，王朝高级官吏统称为卿士，另外还

四羊方尊

商代晚期。湖南宁乡县出土。湖南宁乡从 20 世纪 30 年代开始出土了大批青铜器，这些青铜器与殷墟出土的青铜器特征一致。它们为何会出土于当时还是"荒蛮服地"的湖南，虽然没有明确的结论，但商文化的影响却是可以肯定的。中国国家博物馆藏。

有掌占卜、祭祀的"史"，掌管祈祷的"祝"，掌管记载和保管典籍的"作册"，乐工之长太师和少师等。内廷事务官是专为王室服务的，主要有百工之长司工、掌畜牧的牧正、掌狩猎的兽正、掌酒的酒正、掌车的车正等。

商朝征服异族后，并不把被征服者的土地收归商王所有，也不分封给本族的侯，而是任命异族原有的方国首领为侯、伯、男等，作为外服官吏，履行管理职责和对商王的进贡事务。

内服和外服制度可以说是后世"以夷制夷"政策的滥觞。

>>>阅读指南

李孔怀：《中国古代行政制度史》。复旦大学出版社，2006 年 2 月。

常玉芝：《商代周祭制度》。线装书局，2009 年 12 月。

>>>寻踪觅迹

江西省博物馆　收藏有江西新干县大洋洲商墓出土的文物。

34. 相土驯马改车

河南安阳殷墟出土的商代马车

这是我国发现的年代最早的车子实物。这些马车多被埋葬于贵族的墓葬旁边，多数马车上有青铜车马器，有的车厢内有兵器和驾驭马车用的器具，有的马车边还埋有驾车的驭夫。

"相土烈烈，海外有截。"这是《诗经·商颂·长发》中赞扬商族先祖契的孙子相土有威名，四海之外齐归顺的诗句。相土不仅功绩显赫，而且还驯马，用马来驮东西和拉车子。

传说商人在迁徙时由于没有运输工具，担的担，抬的抬，背的背，一连走了三天，人们的背磨肿了，脚上起了泡，累得腰酸腿疼不愿再走了。相土机智地想了个办法，叫人砍些树枝绑成人字架；又砍了一棵一人都抱不了的大树，用锯子锯成一段一段的，在中心处钻个眼，再把木棒穿在眼里；然后将木棒绑在人字架的小头处，叫两个人推拉着走。大家一试，果然轱辘转动向前，省劲多了。后人称这种东西为原始的独轮土车。传说后来马拉车就是相土发明的。

实际上，用马驮运和驾车，必须驯服马并加以训练，用群放散养的马是不行的。传说相土身材高大，在带领氏族民众狩猎时，常与野马、野猪、大象、

>>>阅读指南

吴晓筠：《商周时期车马埋葬研究》。科学出版社，2009年11月。

吴迪：《古代车马》。吉林文史出版社，2010年1月。

殷墟商王大墓出土的马羁饰

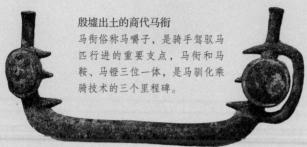

殷墟出土的商代马衔
马衔俗称马嚼子，是骑手驾驭马匹行进的重要支点，马衔和马鞍、马镫三位一体，是马驯化乘骑技术的三个里程碑。

猛虎、凶狼等野兽搏斗，并将各种野兽打死或制服。相土观察到，高大健壮的野马是与人类最亲近的动物，于是他开始用槽喂、圈养的饲养方法驯马。驯马成功后，相土又指导商族人驯服了野牛、野猪、野羊、野狗、野鸡等。这些动物

青铜牺尊
陕西城洋地区出土，其族属尚无定论。

改为家养后，繁殖能力增强，数量逐渐增多。今天所讲的马、牛、羊、猪、狗、鸡六畜在相土时代均有大量饲养。

据史载，夏禹时奚仲创造了车，那时很可能是一马或是二马驾车，而相土则把二马改成了四马，所以应说这是一种改制。后来人们把这种四马一车称为一乘（shèng），乘数多少是一个国家大小强弱的象征。

"相土作乘马"，使商族改变了过去的游牧生活，开始定居畜牧，同时也有利于交通和民族间的交流。

>>>寻踪觅迹
殷墟商代车马坑遗址 1931年至今，已发掘出土殷商车马坑超过60座，证明中国是世界上最早发明和使用车的文明古国之一。

35. 王亥服牛成商业始祖

"司辛"玉牛
河南安阳殷墟妇好墓出土，中国国家博物馆藏。

作乘马"、"亥作服牛"。在交通工具上，王亥驯化牛作为脚力，比前代更进了一步。据考证，中原地区的人民很早就开始养牛了。由于牛的负载力量强，性情又温和，容易驱使，尽管速度比较慢，但适合长途运货或者运载一些笨重的货物，因此成为进行商业贸易的畜力。这也为商族用牛车运货到远处去卖的商业行为奠定了

王亥是商族的先王之一，他在商朝人的心目中具有极大的神威，人们有时甚至用祭天的礼节来祭祀他。人们在祈祷风调雨顺时，也往往祭祀王亥，希望得到他的保佑。在商先王中，只有亥称王，在商人的心目中有着王者风范、王者之尊的地位。王亥的"亥"字从鸟，这一方面说明早期商人以鸟为图腾，另一方面也说明王亥在后代心目中达到了图腾的地位。

王亥为何受到后代如此隆重的崇拜呢？因为他重视畜牧业，极大地推动了当时畜牧业的发展。《世本》说："相土

商代玉鸟
河南安阳殷墟妇好墓出土，殷墟博物苑藏。

殷墟出土的牛尊

殷墟出土的玉牛头饰

基础。

王亥可以说是中国最早的商人，他开始与四周部落进行以物易物的商业贸易活动。在河南安阳殷墟发现了很多鲸骨、朱砂、咸水贝、绿松石以及占卜用的龟甲等，这些都是距离殷墟很远的地方的物产。商代的青铜器在西至陕西，东至山东，南至江西、湖南，北至河北、内蒙古的广大地区内，都有发现，这从一个方面反映了商代商业的广泛性。

有一次，王亥与分布在今河北中部易水一带的有易氏发生了冲突，为有易氏首领绵臣所杀。后来，王亥的儿子上甲微借助河伯部落的力量灭掉了有易氏，并杀掉了绵臣。

王亥之后，商人形成了专门从事远方贩运货物进行贸易的商贾。由于这些人来自商族，因此称作"商人"，他们的交易活动就是"商业"，最早进行贸易的王亥便是商业始祖、商人的祖先。

随着商业的发展，民族间的联系也越来越密切了。

>>>阅读指南

吴慧：《中国古代商业》。中国国际广播出版社，2010年10月。

房秀文、林锋：《中华商业文化史论》。中国经济出版社，2011年1月。

>>>寻踪觅迹

河南商丘华商文化广场 商文化景区，有商祖祠、商祖殿、王亥塑像等相关纪念性景观。富商大道上有各个历史时代的货币图案，万商广场有2.01万个各种字体的"商"字，极富特色。

36. 在"协田"劳动中沟通

河南安阳殷墟出土的青铜工具

河南安阳殷墟出土的奴隶陶塑

商代的集体劳动就是"协田"。商代社会还处于青铜时代，还没有出现铁制工具，因而在农业生产中必须采取集体劳动的方式。

在甲骨卜辞中有"令众黍"的记载，就是命令很多人去种黍的意思。我们可以想象这样的情景：一大群从战争中被抓获来的羌人俘虏，被商朝的贵族和官员驱赶着在广阔的田野里劳作。烈日炎炎，贵族和官员坐在伞盖下乘凉，一边喝着水，

河南安阳殷墟出土的玉刀

河南安阳殷墟出土的铜刀

妇好墓出土的铜箕形器

这块卜骨上有商王命令"众人"进行协田劳动的记载。

一边吆喝，而正在劳动的奴隶们则个个汗流浃背。

甲骨文记载的商代农业劳作情况，与考古所反映的情况是一致的。在殷墟的一个坑内集中出土了1000多把石刀，另一个坑内集中出土了444把石镰和78件蚌器。石刀、石镰、蚌器都是农业生产中常用的工具，这种现象表明商代的农业劳动是集体进行的。

"协田"劳动是奴隶们的集体劳动，被征服的不同族群的奴隶在劳动中互相沟通，逐渐认同就是自然而然的事了。

>>>阅读指南

胡厚宣、胡振宁：《殷商史》。上海人民出版社，2003年4月。

周自强：《中国经济通史·先秦经济卷》。中国社会科学出版社，2007年1月。

>>>寻踪觅迹

城洋青铜器 城洋是陕西城固县和洋县的合称，从清代开始，二县境内陆续出土了大量商代青铜器，文化内涵十分丰富。相关文物藏陕西历史博物馆、城固县文化馆、洋县文博馆。

37. 十贝一朋促贸易

商代贝币

生活中，曾经把贝作为货币使用，而且是最早使用的货币。

从考古资料看，贝在中国历史上最早是作为装饰品出现的。早在新石器时代的仰韶文化遗址里，就发现了贝。商代将贝作为随葬品埋入地下的现象相当普遍，

海贝，这种产于南海和东海里的动物，在现代人眼中最多只是一种装饰品或小玩具，但在中华民族先民们的经济这时还出现了将贝作为赏赐品的现象，说明贝的数量增多了，使用范围也扩大了。它既然成为赏赐品，就肯定已产生

青铜贝饰
商代。四川广汉三星堆遗址出土。

铜贝
商代晚期。山西保德县出土，山西博物院藏。

了固定的计量单位，而固定计量单位的形成是贝担负货币职能的前提条件。

据金文、甲骨文等记载，贝是以"朋"为单位计算的。至于多少贝是一朋，则古无定说。著名学者王国维认为十贝为一朋。贝刚传入黄河流域时，主要用途是作为颈饰或佩带的饰物，这种装饰品是成串的，两串为一朋。最初时一朋没有固定的数量，但是，当以朋作为赏赐单位和货币单位时，一朋就必须有个固定的数量，这就是十贝一朋制。因此，可以把十贝一朋制的出现，看作贝由装饰品转为货币的标志。

十贝一朋制最早出现在商代末年。商代贝币的出现表明商业贸易有了新的发展，也反映了民族间的经济互动、整合和认同更方便、更频繁了。

>>>阅读指南
文奇、孙竞、苏晔：《古钱答问》。北京燕山出版社，2009年1月。
汪锡鹏等：《钱的故事》。华文出版社，2009年5月。

>>>寻踪觅迹
中国钱币博物馆 位于北京西城区西交民巷，收藏有古今中外钱币及与钱币有关的文物30余万件，有中国历代货币陈列、中国古代铸钱工艺展和中国人民银行行史展等专题陈列。
北京古代钱币博物馆 在北京德胜门箭楼，有中国历代货币系列展，并开展钱币收藏和交易活动。

38. 神秘的礼玉

活动，主要为祭祀天地日月星辰山川诸神、朝觐、礼聘、结盟，以及贵族间各种人际交往。

商代的礼玉，以安阳殷墟妇好墓出土的玉为代表。妇好是商王武丁的妻子，名好，"妇"为亲属称谓，铭文又称其为母辛，是中国历史上第一位有据可查的女性军事统帅。甲骨文记载，妇好曾统率1.3万名士兵攻打羌方，俘获大批羌人，成为武丁时代一次征战率兵最多的将领。1976年，妇好墓在河南安阳小屯村西北被发掘了出来，引起世界一片惊叹。妇好墓出土的数件武器中有一把龙纹大铜钺和一把虎纹铜钺，分别重8.5千克和9千克，上面刻有"妇好"字样，可以断定是其生前曾使用过

妇好墓出土的玉人
专家猜测她可能就是妇好本人的造像，腰部近左侧佩的卷云状宽柄器可能是一种武器。中国国家博物馆藏。

夏代作为镇国之宝的玉，到商代演化成了既用于礼仪活动又具有宗教意义、实用而神秘的礼玉。当时玉用于礼仪性

妇好墓出土的玉援铜内戈
一种礼器而非实用器，标志着墓主的军事、社会地位。中国国家博物馆藏。

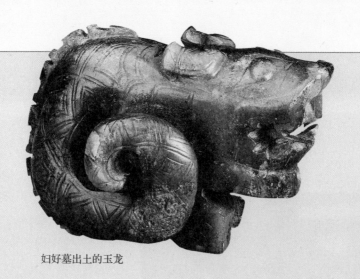

妇好墓出土的玉龙

的武器。使用如此重的兵器，可见妇好武艺超群，力大过人。

妇好墓出土了近2000件随葬品，玉器就有几百件，是出土商代玉器最多、最集中的墓葬之一，其中礼玉竟有十几种，达100多件。在商代，礼玉与青铜礼器具有同样的祭祀功能。商代神秘的礼玉与商族对祖宗一元神的崇拜有关。甲骨卜辞中记载商族特别迷信鬼神，他们认为鬼神世界有一个至高无上的神，被称为"帝"或"上帝"。商王宣称自己是"帝"的代表，又是神的后裔，因而对祖先的祭祀极为重视，礼器特别丰富。商代玉器中有的人物面孔威严静谧，形象夸张，显然是祖先崇拜的偶像。龙人合一的雕像是商代礼器上常见的人神合一的形象，尤其是人鸟合一的图像，正是《山海经》中记载的商人祖先王亥与鸟图腾合一的图说。礼玉是商族玉文化的一个突出特点。

妇好墓中出土玉器的玉料除大部分是新疆玉以外，还有辽宁的岫岩玉和河南的独山玉，足见当时民族间的经济联系范围之广。

妇好墓出土的青玉簋
我国迄今所见年代最早、体积最大的玉制容器。中国国家博物馆藏。

>>>阅读指南
姚士奇：《中国的玉文化》。中国国际广播出版社，2010年10月。
古方：《红粉帝国的幽梦——图说殷墟妇好墓》。重庆出版社，2006年5月。

>>>寻踪觅迹
河南安阳殷墟博物苑　收藏有妇好墓出土的相关文物。

39. "龙骨"的秘密

河南安阳殷墟甲骨窖穴——中国最早的"档案库"

清朝末年，河南彰德府（今河南安阳市）西北小屯村的村民在种地时挖到一些"龙骨"，他们将"龙骨"当作中药材卖给城里的药铺。

"龙骨"上的刻画引起了一个人的注意，这个人就是国子监祭酒兼团练大臣、金石学家王懿荣。传说清光绪二十五年（1899）的一天，王懿荣生病，医生给他开的处方中有一味名叫"龙骨"的中药，引起了他的注意。当他开包验看仆人买回来的中药时，发现药里的"龙骨"碎片上有刀刻的奇异纹路，大为惊讶。王懿荣平素喜好金石学，精通铜器铭文，他觉得这不是一般的药材，于是就派人到药店询问"龙骨"的来源，并用重金将各大药店中字迹清晰的"龙骨"全部买下，埋藏在地下3000多年的商代甲骨文，就这样被偶然发现了。

王懿荣前后共收购甲骨约1500多片，他还没来得及深入研究，即于1900年八国联军入侵北京时投井自杀。1902年，王懿荣的长子王翰甫为了还债，把家中所藏古物和1000多片甲骨卜辞一起转卖给刘鹗。刘鹗本人也收藏有不少甲骨，买了王懿荣的藏品后，总计约有5000余片甲骨。1903年，刘鹗选拓了1058片甲骨文，编成《铁云藏龟》一书，这是我国商代甲骨文的第一本著录。

在王懿荣最初发现商代甲骨时，社会上知道的人还不多，能认识的更少。古董商人不肯说出甲骨出土的真实地点，这样他们就可以估价高昂，以字定价，一字一金。后来，甲骨的出土地点人所共知，中外许多人都亲自到安阳小屯向

大型涂朱牛骨刻辞

武丁时期。正反两面刻满了长篇卜辞，字口内涂朱，内容是关于北方部族入侵、商王命诸侯出征、田猎、天象等。中国国家博物馆藏。

村民收购。由于甲骨能售高价，当地村民大肆挖掘。

继王懿荣、刘鹗等人之后，罗振玉是收集、著录和研究商代甲骨文最有成绩者。他派遣亲属去安阳收购甲骨，又

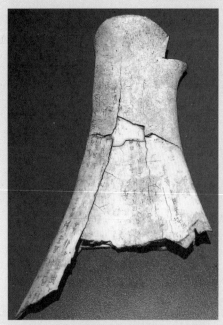

刻在牛骨上的甲骨文

中国国家博物馆藏。

亲自前往安阳进行实地考察，先后共搜集到近两万片。1911年辛亥革命后，罗振玉认为自己是清朝遗老，就携带甲骨逃往日本。期间，雇工把所藏的甲骨选拓了一部分，先后编成《殷墟书契前编》等四部商代甲骨文著录。

当时有些外国人也抢购甲骨。1914年，加拿大人明义士在安阳当牧师，经常骑着白马围绕着小屯附近徘徊。1917年，他将所得甲骨的一部分编著成《殷墟卜辞》，并在序中称当时已收藏甲骨5万余片，从中选出2369片编成本书。1923年至1926年间，小屯村村前和张学献菜园等地出土的甲骨多被明义士收购。1928年，他又从收藏的甲骨中选拓1000余片，装订成5册，赠送给马衡、商承祚(zuò)、容庚、曾毅公等人，但没有正式出版。1951年，胡厚宣先生从中选摹847片，收录在《战后南北所见甲骨录》中。明义士所得的甲骨，虽然数

简册形甲骨片

量不少，但见于著录的不多，其中有一部分被运出国，其余的几经辗转，后来被山东省博物馆、南京博物院等收藏。

从 1899 年王懿荣发现甲骨文，到 1928 年国民政府中央研究院在安阳殷墟正式进行考古发掘，前后 30 年间，经私人盗掘盗卖的商代甲骨，据胡厚宣先生统计约有 10 万片左右，编印和出版 12 种书，选拓甲骨 9919 片。这些发表的材料

>>>阅读指南

刘佳：《话说甲骨文》。山东友谊出版社，2009 年 11 月。

王宇信：《商周甲骨文》。文物出版社，2006 年 7 月。

虽然只占全部出土甲骨文字的十分之一，但对当时开展甲骨文的研究，还是起了很大的作用。

1928 年秋，中央研究院历史语言研究所成立，从此结束了私人任意盗掘的局面，转为有计划的科学发掘殷墟。从 1928 年 10 月到 1937 年 6 月，10 年间发掘了 15 次，总计发现有字甲骨 24918 片。

新中国成立后，中国社会科学院考古研究所于 1971 年和 1973 年两次在安阳小屯进行发掘，又出土带字甲骨 4000 多片。

从甲骨文的发现到现在已有 100 余年，共计出土甲骨 15 万片以上，大部分收藏在国内，其余散在欧洲、美国、日

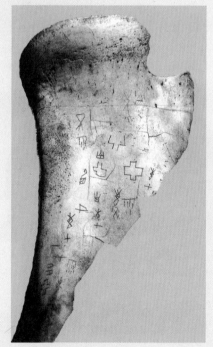

刻在大骨上的文字

本等地。甲骨文的发现不仅为研究商朝历史提供了珍贵的资料，同时也是研究中华民族形成历史的重要材料。殷墟出土的甲骨文是商朝王室的遗物，当时商王进行的一切活动，都要先占卜，根据占卜结果决定行止。卜辞就是记录所占卜的事务及其决定行止的刻辞，内容非常丰富，俨然一部记录商王平日处理政务和日常生活的日志。

甲骨文是在新石器时代仰韶文化陶器刻画符号的基础上，经过二三千年的孕育、萌生和发展，到商代形成的一种相当进步、成熟的文字。甲骨文契刻在龟甲、兽骨上，从文字结构来看，已具备了"六书"，即象形、会意、指事、形声、假借、转注的造字法。虽然有些字还没有完全从图画文字中超脱出来，还没有

抽象为简单、明了的文字符号，但甲骨文已当之无愧地奠定了汉字的基础。

据学者统计，甲骨卜辞所使用的文字共4600余字。1965年，中国科学院考古研究所编定的《甲骨文编》录定了1723字，附录了2949字，共计4672字，但目前能释读出来的甲骨文很少，大约只有1500字。

甲骨文是伟大的。由甲骨文演化成的汉字在此后长达3000多年的时间里，承载了中华文化的主要内容，并且汉字的发展只有量变而没有产生过质变。

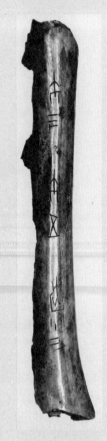

刻在兽骨上的文字

刻满文字的甲骨

>>>寻踪觅迹

中国文字博物馆 位于甲骨文的故乡河南安阳市，以汉字文物为主，兼顾中国少数民族文字和世界其他国家文字。

王懿荣纪念馆 位于山东烟台市福山区，展出清末学者、甲骨文的发现者王懿荣的生平事迹及相关文物。

40. 万年历与阴阳合历

祭祀狩猎涂朱牛骨（背面）
在河南安阳殷墟出土的几块甲骨上，整齐地刻着六十干支表。这片甲骨刻辞记载商王武丁时的天象情况。中国国家博物馆藏。

据说商代有个樵夫叫万年。有一天他上山砍柴，坐在树下休息的时候，发现随着时间的推移，地上的树影也悄悄移动了方位。万年灵机一动，心想：何不利用日影的长短来计算时间呢？回到家后，他就设计了一个测日影计时的日晷仪。可是，一遇上阴雨天，日晷仪就失去效用了。又有一天，万年在泉边喝水，看见崖上的水很有节奏地往下滴，这启发了他的灵感，又动手做了一个五层的漏壶，利用漏水的方法来计时。这样，不管天气阴晴，都可以准确掌握时

日有食卜骨
商王武丁时期。是世界上关于日食最早的完整记录之一。中国国家博物馆藏。

月有食卜骨
商王武丁时期。是世界上关于月食最早的完整记录之一。天津博物馆藏。

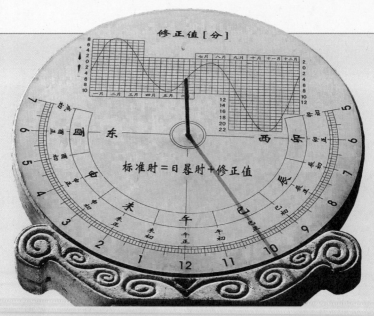

修正值[分]

标准时＝日晷时＋修正值

现代日晷雕塑

刻字牛骨

这块武丁时期的甲骨刻辞记载有关四方神及风神的情况，说明商人对分至四气等物候的掌握已很准确，对历法和闰月的推算已很科学。

间了。有了计时的工具，万年更加用心观察天时节令的变化，他发现每隔360多天，天时的长短就会重复一次。

这时商王祖乙正在为天气变幻莫测而苦恼，万年听说后，就带着日晷和漏壶去见祖乙，对他讲了日月运行的原理。祖乙听后觉得很有道理，就把万年留下，在天坛前修建日月阁，筑起日晷台和漏壶亭，并派12个童子供万年差遣，让他专心研究时令。

冬去春来，年复一年。万年经过长期观察，精心推算，制定出了准确的太阳历，当他把太阳历呈奉给商王时，已是满面银须。商王深为感动，为纪念万年的功绩，将太阳历命名为"万年历"，封万年为日月寿星。

万年创殷历只是一种传说。据甲骨

涂朱卜骨刻辞

正面记述甲辰之夕有大骤风等内容，背面记载北方有敌人入侵等内容。中国国家博物馆藏。

文记载，商代历法是干支纪日法，即用"十天干"和"十二地支"相配，依照一定的顺序纪日。甲骨文中还发现了完整的甲子表，记录了干支搭配的情况。这种干支纪日的方法，在我国一直沿用下来，至今已有三千多年了。

商代纪月的方法并不用干支，而是用数字顺序来记录每月的先后次序，如一月、二月、三月、四月、五月……

商代历法中有大小月之分，大月30日，小月29日，12月为一年。如果遇到闰月，则采取年终置闰的办法，把闰月放在年末，称为"十三月"。根据这种闰月现象推知，商代历法属于阴阳合历。

商代还用旬作为记录时间的单位，十日为一旬，此外对于时的划分也很详细。总之，商人对于年、月、日、时都有相对的记载方法，表明当时已经有了粗具规模的历法。

历法的产生是中华民族先民为了掌握农时，长期观察天体运行的结果。在甲骨文中就有关于日食的记载。我国现在使用的历法有两种，一种是全世界通行的阳历（公历），另一种是阴历（农历）。农历也叫夏历，源自夏商时期，它实际上是一种阴阳合历，我们的祖先巧妙地把太阳和月亮的运行规则合为一体，得出两者对农业影响的总结。由于农历中有节气变化，跟农业种植活动密切相关，在国人尤其是农民的生活中起着举足轻重的作用，因此几千年来一直在使用。农历作为中华民族传统文化的代表之一，它的准确巧妙，是中华民族的骄傲。

>>>阅读指南

张闻玉：《古代天文历法讲座》。广西师范大学出版社，2008年1月。

戴兴华：《天干地支的源流与应用》。气象出版社，2006年10月。

>>>寻踪觅迹

北京天文馆 专题科学博物馆，通过人造星空模拟表演、举办天文知识展览、组织大众进行天文观测等形式宣传、普及天文学知识。北京古观象台内有中国古代天文仪器专题展览。

41. 商朝落幕

作册般铜鼋（yuán）
商纣王时期器物。背甲上的铭文记载商王在洹水边遇到一只大鼋，他张弓连射四箭，皆中鼋身。商王把所获之鼋赐给史官作册般，命他铸造青铜器记录射鼋之事，以颂扬自己的神功。中国国家博物馆藏。

彪炳先秦历史五百多年的商王朝，到第 30 世王——帝辛时，终于走到了尽头。

帝辛就是后世所称的商纣王。据说帝辛其实是个很有本事、能文能武的人，还是少见的大力士。帝辛继位后，重视农桑，发展生产，打退了东夷向中原的扩张，把商朝势力扩展到江淮一带，并传去中原先进的生产技术和文化，促进了民族融合。

帝辛敢于革除先王旧弊，不再屠杀奴隶和俘虏，而是让他们参加生产劳动，补充兵源，参军作战；蔑视陈规陋习，不祭祀鬼神；选贤任能，不论地位高低；择后选妃，不分出身贵贱，立奴隶之女妲己为后，宠幸备至，唯言是从。

帝辛在位后期居功自傲，耗巨资建鹿台，造酒池，悬肉为林，过着穷奢极欲的生活，使国库空虚；刚愎自用，听不进正确意见，失去了人心；连年对外用兵，导致国力衰竭。特别是对东夷的战争持续了数十年，极大地消耗了商朝的国力，使商朝面临内部四分五裂、外部群强环伺的局面。

由于不注意对西面族群的防范，周族乘势崛起，并联合西部十几个小国对商朝发起进攻。帝辛仓促调遣军队应战，可是大批由奴隶和俘虏组成的士兵在前线倒戈，帝辛自焚而死，

玉象
河南安阳殷墟西北岗 1567 号商王墓出土，专家推测这座未完工的墓主人可能是商纣王帝辛。

宰丰骨匕记事刻辞
传河南安阳出土。一面刻有文字，记载帝乙或帝辛(纣王)将猎获的犀牛赏赐给宰丰之事；另一面刻兽面、蝉纹和虺(huǐ)龙纹，并嵌有绿松石。

商朝灭亡。

由于时代过于久远，缺乏直接的史料，后世对于帝辛是个有为之君还是纣虐之君存在争议。无论如何，从历史发展趋势看，已经几度演出盛衰大剧的商朝，谢幕也是必然的。

>>>阅读指南
宫长为、徐义华：《殷遗与殷鉴》(商代史·卷十一)。中国社会科学出版社，2011 年 1 月。
孟世凯：《商史与商代文明》。上海科学技术文献出版社，2007 年 4 月。

>>>寻踪觅迹
河南淇县 古称朝歌，是商末四代帝都和春秋时期卫国国都，是华夏文明的主要发祥地和中华民族姓氏的重要发源地之一，有纣王墓、纣王殿村(纣王屯军练兵之地)等众多殷商文化遗迹。

天下万邦

采薇图

宋朝李唐作。绘商末周初伯夷（右）、叔齐（左）隐居首阳山的情景。相传伯夷、叔齐是商朝末年孤竹国国君的长子和三子，他们不满商纣王的暴政，同时也反对周武王用武力灭商。西周建立后，他们发誓不吃周粮，隐居首阳山（今河北迁安市岚山），以野菜为食而饿死。后世崇敬他们的气节。故宫博物院藏。

42. 同根生的周族与夏族

石颡(sǎng)

在陕西西安长安区子午镇一带的田边地头，分布着百来颗花岗岩质头像，当地人称之为社谷爷或石颡并加以祭祀。传说社谷爷自小好农耕，死前要求把头留在地头看庄稼。有人认为他就是中华民族农业始祖后稷。

周族是一个古老的姬姓族群，其祖先可以追溯到传说时代的黄帝。周人的先祖名叫弃，他的母亲是有邰(tái)氏部族的女儿，名叫姜嫄(yuán)。姜嫄是帝喾的正妃，传说有一天她在郊外看见一个巨大的脚印，心里欣然爱慕，就去踩它一脚，结果就觉得身子震动，像怀了孕似的。满十个月后，姜嫄生下一个男孩，她认为这孩子不吉祥，就把他扔到

一个狭窄的小巷里，但经过的马、牛都绕着躲开而不踩他。姜嫄又把孩子扔到树林里，正赶上那里人多，只好再换个地方，把他扔在渠沟的冰上，可马上有鸟儿飞来用羽翼给他盖、垫他身子。姜嫄觉得这太神异了，就把孩子抱回家养大成人。由于起初想把孩子扔掉，因此就给他取名叫弃。

弃，这位与黄帝有血缘关系的人，就是周族的第一位先祖。

佣季凤鸟大尊

商末西周初。商人以鸟为图腾，周人则视鸟为民族的守护神。北京保利艺术博物馆藏。

玉猪头
商末西周初。商周时期的玉猪出土较少，可能是表示对祖先的崇拜或作供奉物之用。

传说弃幼小时就喜欢做春种秋收的游戏，长大后教人们耕田稼穑，过上丰衣足食的生活。尧舜时代，舜任命百官时封弃为后稷。稷是粮食作物的古称，后稷就成了中华民族的农业始祖。

《诗经·大雅·生民》对周族的起源做了生动的描述——

人面陶塑
最早的周人形象。陕西武功县郑家坡出土，周发祥地古有邰国位于武功县西南。陕西历史博物馆藏。

厥初生民，………周族始祖由谁传？

时维姜嫄。………邰氏女儿叫姜嫄。

生民如何？………这人怎样生下来？

克禋(yīn)克祀，…姜嫄虔诚祭上天，

以弗无子。………求子为把后嗣延。

履帝武敏歆，……踩了上帝脚趾印，

攸介攸止，………忽然情动心喜欢，

载震载夙。………神灵大大降福祉。

载生载育，………生后抚养又提携，

时维后稷。………就是后稷老祖先。

>>>阅读指南
　　曹书杰：《东方历史学术文库·后稷传说与稷祀文化》。社会科学文献出版社，2006年1月。
　　雷兴山：《先周文化探索》。科学出版社，2010年1月。

>>>寻踪觅迹
山西稷山县　周族发祥地和周人长期活动的地方，有许多关于后稷的传说，并留有大量相关的文化遗迹，如稷王山、稷王庙、稷亭等。

43. 周族"窜于戎狄之间"

淳化鼎
陕西淳化县史家塬村出土，是研究西周早期周人分布的重要资料。
陕西历史博物馆藏。

后稷死后，他的后裔不窋（zhú）在夏末被废去主管农事的稷官，势力更弱，只好迁徙到戎、狄地区，即今甘肃庆阳一带。

庆阳地区在夏朝初年已被戎、狄控制，周族与戎、狄错杂居住，过着游猎和粗耕的生活，居窑洞或穴，"不窋"大概就是因穴居而得名。

周族与戎、狄一起共同开发和经营庆阳地区，相当一部分土地得到开垦，农业生产有了一定的发展。弃的曾孙、不窋的孙子公刘继位后起了重要作用。他因地制宜，大兴农耕，使农耕生产的面积一直扩大到今陕西北部、甘肃平凉以西的地区。后来他又率领族人长途跋涉，渡过渭水，到秦岭山区伐木取材，用来建房造屋，逐步提高周族人的生活水平。他以德御众，深得民心。

《诗经·大雅·公刘》一诗是专门歌颂公刘的，每段诗句都以"笃公刘"起句。"笃"是忠厚的意思，"笃公刘"就是忠厚的公刘。忠厚是中华民族的美德之一，公刘忠厚待民，获得了民众的拥护。在他的统领下，出外做事的，身有一定资财；定居在家的，储有丰盛的积蓄。周族人的生活蒸蒸日上，周围外族民众携家来归，周族势力不断壮大。

公刘晚年时，因犬戎不断南侵，周族人在庆阳难以居住下去，他便率众南迁，到了豳（bīn）地，即今陕西旬邑县和彬县的交界处。公刘在那里去世，葬在彬县龙高乡土陵村。从公刘墓往南走，有个渡口，叫石桥头。坐船过泾河，上了南岸山腰，有两座土垄拔地而起，如同人工砌成的土城，旁边有一眼清泉日夜不歇地流淌，口径、深度都有一尺左右。当地民间传说公刘去世后，他的两个女儿用前襟包了土，带上酒壶，想过河封土祭奠。不料河水猛然间涨起来，

陕西周原遗址出土的兽面纹陶模

令多子族从犬侯璞周卜骨

商王武丁时期。刻辞说明商王命令多子族率领犬侯扑伐周国，是研究商代方国及商周关系的重要史料。天津博物馆藏。

>>>小贴士

周原和周原遗址　周原是周人的发祥地，周族先祖古公亶父率众由豳地所迁之处。广义的周原东起今陕西武功县，西至凤翔县，北至岐山，南到渭河，总面积数百平方千米。狭义的周原遗址指陕西岐山、扶风两县接壤处的周原核心区，约20多平方千米。这里是周人灭商前的都城遗址，很长一段时间都是周人重要的政治中心，直到西周末年才废弃。周原遗址考古发现了岐山凤雏宫殿建筑和扶风召陈宗庙建筑遗址，出土了17万余片卜骨和卜甲，以及商周金箔、玉器等重要文物万余件，发现了规模较大的骨器、铜器以及制陶作坊和墓葬遗址，周原遗址出土的大量窖藏青铜器世所罕见。

陶鬲
陕西长武县碾子坡先周文化遗址出土。

们的名字与中原地区的商族等族群就有明显的不同，包含有更多戎、狄语言的成分。

公刘时周族与商族的接触也开始了。甲骨卜辞中记载商王曾令多子族会同犬侯讨伐周族，这个犬侯就是文献中常常提到的犬戎。

到古公亶(dǎn)父时，由于狄人的强盛，周族所居的豳地常常被侵扰。古公亶父不愿与狄人发生冲突，就率族人从豳迁到岐（今陕西岐山县），营建城郭宫室，重新创业兴国。

过不去了。两个女儿放声大哭了半天，只好望着慈父的坟茔，把土倒在平地上，把酒泼在山腰以示祭奠。第二天，倒土的地方长出了两座城状的土垄，泼酒的地方形成一眼清亮的泉水。人们都说是公刘女儿的精诚感动了天地。

周族在庆阳与戎、狄长期生活在一起，生活习惯深受戎、狄的影响，如他

从此，周族彻底离开了戎、狄地区，开始与姜氏部落生活在一起。古公亶父努力吸收姜氏文化、中原的商文化和其他族群的文化，他被后世追尊为"太王"。

>>>阅读指南
　　君盛平：《早期中国文明丛书·周原文化与西周文明》。凤凰出版社，2005年4月。
　　张洲：《周原环境与文化》（修订本）。三秦出版社，2007年9月。

>>>寻踪觅迹
　　周祖陵　位于甘肃庆阳市，是周先祖不窋之陵。陵区内的周祖大殿和三十八王庙供奉着不窋及其儿子鞠陶、孙子公刘和周代38个王的塑像或画像。庆阳俗称陇东，是周人的发祥地，境内还有公刘庙和公刘墓。

44. 泰伯、仲雍开发吴越

青铜凤纹尊
江苏丹阳西周青铜器窖藏出土，为吴国早期仿铸中原之器。
镇江博物馆藏。

当夏族、商族以及东夷、戎狄等族群频频接触的时候，东南一带一直悄然无声的局面，被古公亶父的长子泰伯和次子仲雍打破了。

古公亶父有三个儿子：长子泰伯(太伯)、次子仲雍、三子季历。季历的儿子叫昌，即日后的周文王。昌出生的时候，有吉兆出现，身为祖父的古公亶父就说

了一句话："我世当有兴者，其在昌乎？"流露出对这个刚出生的孙儿殷切的期望。

长子泰伯听到这话，明白父亲的意思是希望把家业传给季历，以便将来顺理成章地传给昌，于是，泰伯和仲雍借口外出为父亲采药，离开了周原。史书记述，兄弟俩从陕西出发，来到荆蛮吴越地区(今江浙一带)。吴越地区居住的民族和中原民族风俗迥异，泰伯、仲雍遵从当地人的风俗，剪掉长发，身刺花纹，表示不再回乡。断发文身，在周人看来这哥俩已成为吴越人，也就再

>>>阅读指南

冯普仁：《20世纪中国文物考古发现与研究丛书·吴越文化》。文物出版社，2007年4月。

叶文宪：《吴国历史与文化探秘》。文物出版社，2007年5月。

无资格继承王位了。

由于泰伯、仲雍把中原先进的农业生产技术带到了吴地，促进了当地经济的发展，当地土著自愿拥立泰伯为君长。因泰伯所居之处属吴地，他在这里建立的姬姓国家称为句（gōu）吴，简称吴。

相传泰伯去世后，吴人无不悲痛欲绝。入葬那天，吴人纷纷前去送行。因泰伯生前喜欢种麻，人们就在腰间绑一束麻，表达对泰伯的怀念和哀悼之情。

青铜鸳鸯尊
西周早期吴国器物。江苏丹徒县大港镇母子墩出土，镇江博物馆藏。

此后这一风俗在民间流传了数千年，今天，为去世的长辈披麻戴孝已成为中华民族重要的丧葬礼俗。

泰伯没有子孙，由仲雍接任吴国国君，继续开拓哥哥奠定的基业。后世吴人尊泰伯为开山始祖，尊仲雍为吴姓传代血缘始祖。

鸟盖变形兽纹壶
西周早期吴国器物。江苏丹徒县大港镇母子墩出土。大港一带是吴文化的发祥地，分布有许多西周至春秋时期的贵族墓葬，其出土文物是研究吴国早期文化的宝贵实物资料。镇江博物馆藏。

>>>寻踪觅迹

泰伯庙、泰伯墓、仲雍墓 江苏苏州和无锡都有奉祀古吴国始祖泰伯的祠庙。泰伯墓位于无锡市锡山区梅村镇，相传这一带就是3000年前吴国的都城所在地。仲雍墓在江苏常熟市虞山东麓。

镇江博物馆 有吴文化青铜器展，陈列西周至春秋时期吴国青铜器。

45. 商周恩仇

西周早期铜人

陕西宝鸡市茹家庄出土，宝鸡青铜器博物院藏。

　　泰伯、仲雍迁吴后，古公亶父顺理成章地把王位传给了幼子季历。季历发展生产，加强军事训练，周的力量进一步强大起来。当时商王武乙在位，他经过多次征伐，平定了各方国的叛乱，使商朝的统治暂时稳定下来。商王武乙为了笼络周，特别授予周侯季历征伐大权。季历在商王的支持下曾经对西落鬼戎、燕京之戎、余无之戎等族群进行征伐，并取得胜利，声威大振。

　　传说商人对上帝及鬼神十分迷信，史官们也常借占卜、祭祀限制王的行为，武乙对此颇不以为然，他相信只有用武力才能统治天下。为加强王权，武乙命人做木偶为"天神"，让一名史官代"天神"和他赌博。武乙连赢三局，便认为"天神"不灵，命人剥下这些木偶"天神"的衣冠，抽打、侮辱后毁坏了"天神"。武乙又命人缝制了一个大皮囊，往里面盛入动物的血，然后把皮囊挂在高杆上，命群臣来看他亲自用箭射破皮囊，称为"射天"。从此，再也没人敢限制武乙的行为了。为巩固统治，武乙对周围的方国继续用兵，连周王季历也要亲自前来朝商。

兽首调色器
陕西岐山贺家村西周早期墓出土，陕西历史博物馆藏。

任命季历为牧师（牧畜之官），掌管西部地区的征伐大事。有了征伐之权，季历大举出兵，征伐西部地区的戎族，实力得到迅速增强。待季历再次来朝向文丁报捷并进献贡品时，文丁表面上很高兴，赏赐季历玉器和美酒，任命他为西伯，但却对周的强大心存忌惮：如果任其发展，总有一天周必将成为商最大的威胁，与其等到局面不可收拾，不如趁早下手。就在季历准备回周时，文丁突然下令把他囚禁起来，季历在悲愤交加中病死狱中。文丁铲除了最大的潜在威胁，却引起了周边各族的公愤，一时间叛乱不断。

武乙酷爱狩猎，经常沉溺于游猎。一次，武乙在黄河与渭水之间狩猎，忽遇大雷雨，躲避不及，被雷电击死。他的儿子文丁继承王位。季历一如既往对商称臣纳贡，征伐胜利后仍然向文丁报捷，并献上掠夺来的财物。于是文丁就

季历死后，他的儿子昌继位，他就是后来的周文王。昌身负国仇家恨，处心积虑准备伐商，为父报仇。这时地处东南地区的各族，如人方、林方、孟方等纷纷叛乱。不久，商王文丁也病死了，他的儿子帝乙继位。文丁留下一个烂摊子，帝乙感受到腹背受敌的困境，心想

>>>阅读指南
　　丁俊德、于祖培：《先周历史文化新探》。甘肃人民出版社，2005年11月。
　　崔明德：《先秦政治婚姻史》。山东大学出版社，2004年11月。

夔纹甗(yǎn)

商末周初。陕西宝鸡桑园堡西周早期墓葬出土，宝鸡青铜器博物院藏。

商卣

西周早期。陕西扶风县庄白村一号西周青铜器窖藏出土。同时出土的共有103件青铜器。它们全部属于微氏家族，其中74件铸有铭文，内容涉及微氏家族七代作器人以及周王朝建立后300多年的历史，对研究商周关系具有重要价值。微氏家族为殷商遗族，其先祖是商纣王的庶兄微子启。宝鸡青铜器博物院藏。

必须采取一定的策略。父亲气死季历，那是上一代的恩怨，自己与昌并没有直接的冲突，要想稳住西方，可以采取战争以外的方法去解决，只有这样，才能集中力量对付东方和南方的叛乱。

通婚也许是搞好双方关系的一个有效方法。帝乙有个妹妹长得美丽端庄，如果把她嫁给昌，有了联姻关系，双方的仇恨应当可以一笔勾销。帝乙觉得这个方法行得通，就派使者到周进行磋商。使者首先代表帝乙对父辈所做的事情表示歉意，然后说明嫁妹联姻之意。昌虽然一直在做伐商的准备，但面对实力强大的商朝，依然没有必胜的把握，不如来个缓兵之计，将计就计，既然帝乙道歉了，自己又可以娶到美丽的妻子，何乐而不为？于是昌欣然同意。婚礼举行得隆重而热烈，帅气的昌与美丽的帝乙之妹俨然天生一对。这样，商周之间的恩仇暂时告一段落。

>>>寻踪觅迹

甘肃庆阳市博物馆 收藏有先周文化的一些典型器物。

46. 怪人文王为周奠基

龙形觥

商代末期。山西石楼县桃花者村出土。鳄鱼形象的造型独具风采，但这种长江流域的动物出现在三千多年前山西西部黄河沿岸的青铜器上，却令人费解。有人传说它是周文王的军师姜子牙为民祈福的神器。山西博物院藏。

史传西周的奠基者周文王是一个怪人。怪在何处呢？一是文王出生在猪圈里。堂堂周文王怎么会出生在猪圈里呢？文王的母亲叫太任，是挚国国君的二女儿。她从小受到良好的教育，在怀孕期间十分注意胎教，白天听人讲道德故事，晚上请乐师诵读诗歌。当时周族十分重视农业，为了积肥，无论什么人都必须在猪圈里大小便。一天晚上，太任梦见一个英俊男子对自己很友善，第二天去猪圈小便时，就生下了儿子，即后来的周文王。

取名昌的周文王虽然一表人才，却长有四个乳房，这是他的又一怪。虽然怪一点，昌却被周族认同为周王朝的奠基者，《史记》等史书都认为西周的纪年是从昌"受命"称王算起的。

昌继承了祖先开创的事业，对内施行仁政，重视发展农业生产，征收租税有节制，人民有所积蓄。昌自己则生活勤俭，穿普通人的衣服，到田间劳动，兢兢业业治理国家。同时，昌重视周族

>>>阅读指南

王宇信：《西周史话》。中国国际广播出版社，2009年10月。

许颐平：《易经图文百科1000问》。陕西师范大学出版社，2009年6月。

内部的团结，敬老爱幼，礼贤下士。在昌的治理下，周日渐强大起来。

对外，昌注意扩大与其他族群的联系，比如与东方的大邦有莘氏联姻。《诗经·大雅·大明》说：大邦有个好姑娘，就像仙女一个样，择吉纳币订了婚，文王亲迎渭水旁。联姻促进了周族与有莘氏的关系。

昌还积极与周边诸侯国亲善，并广招贤才。著名的歇后语"姜太公钓鱼——愿者上钩"，说的就是昌和他的军师姜子牙的故事。传说姜子牙有心助昌，于是就在渭水边用没有鱼饵的直钩钓鱼。奇特的钓鱼法引起了人们的注意，也传到了昌那里。昌意识到钓者必是贤才，就

饕餮纹鸟鼎
西周早期。陕西岐山贺家村出土，陕西历史博物馆藏。

亲自去拜访，并诚心诚意地求教，为自己找到了一个兴邦立国的贤者。在昌的周围，很多贤者都是异姓族群的首领，比如楚国的鬻(yù)熊，以及散宜生、太颠、闳(hóng)夭等人。由于昌名声在外，远近很多小族群都前来归附。

周的壮大引起商王朝的不安。商纣王找了个理由将昌抓了起来，囚禁于羑(yǒu)里，即今河南汤阴县羑河村。传说在被囚的七年里，昌将伏羲的八卦推演为六十四卦，著成《周易》一书，对中华民族文化产生了重要影响。

在周族人献上美女、宝马和珠宝等厚礼之后，商纣王赦免了昌，并赏给他弓、矢、斧、钺，授权他讨伐不听命的诸侯。昌出狱后下决心灭商。他一面向纣王献地，取得信任，同时表面上耽于游乐，装作驯服的样子，实际上却积极进行灭商的准备，积善修德，和悦百姓，大力发展生产，分化瓦解商朝的附庸国。当诸侯们都把昌看成取代商纣王的"受命之君"时，昌就将都城迁到丰邑，即今陕西西安市西南的沣水西岸。这时，昌已做好了灭商的充分准备。

>>>寻踪觅迹
羑里城遗址　位于河南汤阴县羑河村，有文王庙、演易坊、八卦阵等建筑。商末，姬昌（后来的周文王）遭商纣王疑忌，被囚禁这里达七年。期间，姬昌把伏羲的八卦演绎成《周易》。

47. 夏的"复活"

金肩饰

陕西韩城市梁带村周代墓葬遗址出土。梁带村遗址出土了大量礼器、车马器、乐器等珍贵文物，其中有"芮天子"等铭文，有专家认为该遗址是商周时期芮国国君之墓。遗址上建有博物馆陈列相关文物。

威名，来找他审断。当两国人员来到周地，看到周人耕田的互相让地边，走路的互相让道；周都男女不同路，老人不干重活；周朝廷士让大夫，大夫让卿，一派君子之风。两相对比，虞、芮两国人内心惭愧，回去之后都主动将所争之地让出，做闲田处理，纠纷从此解决。昌在诸侯中的威信更高了。昌做的第二件事是出兵伐犬戎，打败西戎诸夷，灭了几个小国。第三件事是攻打位于今甘肃灵台县的密须国，

据史书记载，周文王一共在位50年，称王前立国43年。在位的最后七年，文王主要干了几件大事。第一件事是调解虞、芮两国的争田纠纷。虞、芮都是商朝西方属国，分别在今山西平陆县和芮城县。这两国发生纠纷不找商王裁决，却慕昌的

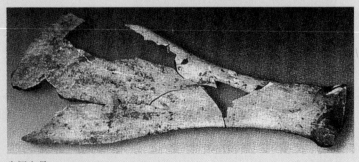

先周卜骨

陕西武功县郑家坡出土，陕西历史博物馆藏。

史墙盘

陕西扶风县庄白村出土。是周共王时史官墙所做的礼器，铭文颂扬了西周文、武、成、康、昭、穆诸王的政绩。陕西宝鸡青铜器博物院藏。

解除了北边和西边的后顾之忧。第四件事是伐位于今河南沁阳市西北的邘和今山西长治市西南的黎，这两个方国距商都不远。第五件事是灭了位于今陕西户县境内的崇。对于商来说，周已兵临城下了。

这时周的势力已是"三分天下有其二"，所控制的地方包括整个渭水流域、晋南、豫西乃至汉水流域的部分地区，成为万邦之上的邦方，昌也成了万民之王。那么，这个大"万邦"叫什么名字呢？大家都称之为"夏"。这时夏朝已经灭亡五百多年，是不可能复活的，商末这个以周族为载体的"夏"只是借尸还魂，显示当时西部各族群对历史上的夏朝及夏文化的认同，这也是后来春秋战国时期中华民族先民对"华夏"这一称呼认同的根源。

>>>阅读指南

中国国家博物馆：《文物中国史丛书·文物夏商周史》。中华书局，2009年2月。

岳南：《考古中国——夏商周断代工程解密记》。海南出版社，2007年5月。

>>>寻踪觅迹

陕西岐山县　是出土西周青铜器最多的地方，有"青铜器之乡"的美誉，也是出土周代甲骨文较多的地方，有西周凤雏宫殿遗址、周公庙等西周遗迹。岐山县博物馆收藏有当地周代遗址出土的文物，尤以青铜器和甲骨文最为珍贵。

48. 周武王的军事演习

三足鸟形尊
陕西宝鸡茹家庄出土。现实生活中无三足鸟，周人铸三足铜鸟，可能和神话传说中的太阳鸟——三足鸟有关。宝鸡青铜器博物院藏。

周文王在大功即将告成之际去世了，次子姬发继位，他就是西周的开国君主周武王。

姬发服丧期满后，就组织了一次规模巨大的军事演习，当时称为"观兵"，实际上是对商进行一次试探性的进攻。

姬发将父亲的牌位安在一辆战车上，

自称"太子发"，意为奉父命出师征战，统帅仍然是父亲。

>>>阅读指南
惠焕章、陈战鹏：《周武王姬发百谜》。陕西旅游出版社，2006年1月。
朱凤瀚：《商周家族形态研究》（增订本）。天津古籍出版社，2004年7月。

在祭奠了父亲的陵墓之后，姬发率军队过崤(xiáo)山，穿洛河平原，沿着渭水和黄河南岸向东，由今河南孟津县东北渡黄河。

在乘船渡河时，突然有一条白鱼跳入姬发的船中。姬发俯身捡起白鱼，对众人说："商人崇尚白色。这条白鱼自投罗网，岂不是商朝将亡的征兆！"这极大地鼓舞了大家的斗志。

刚渡过黄河，又发生了一件怪事，有一颗火星忽然从天上掉了下来，落到姬发住的屋子上，并很快变成一只红色的乌鸦，盘旋鸣叫而去。当时人们认为

康侯丰方鼎
西周早期。周武王之弟康侯丰（卫康叔）所作的祀宗庙礼器。台北"故宫"藏。

乌鸦是孝鸟，周族又崇尚红色，仿佛预示演习的胜利。其实这些都是文人为周灭商所造的舆论。

这时从孟津渡口的四面八方不约而同地来了800多位诸侯，他们是前来支持姬发的。姬发见状十分激动，立即与众诸侯订立了伐纣的盟约。诸侯劝姬发立即伐商，但他认为还不是时候，于是决定班师回西土，等待时机。从此，孟津在周代又被称为"盟津"。

德方鼎
西周早期。陕西长安县新旺村出土。铭文记载周成王在成周洛邑祭祀武王的事。上海博物馆藏。

>>>寻踪觅迹
河南孟津县　有 4000 年的文明史，是河洛文化的发祥地，历史上有六个朝代定都于此，周武王与八百诸侯会盟的故事也发生在这里。孟津县会盟镇扣马村有会盟台遗迹。

49. 西戎八国与牧野之战

利簋(guǐ)
西周武王时期。陕西临潼县出土。铭文记载了周武王伐商、击败商王军队的史实，证实了古代文献对牧野之战具体日期的记载。中国国家博物馆藏。

盟津"观兵"两年后，周武王姬发见商王朝内部矛盾更加激化，国力下降，感到灭商的时机成熟了，于是果断决定对商进行最后的决战。

公元前1046年，姬发亲率兵车300辆，虎贲(bēn，勇士)3000人，甲士数万人，联合西戎八国——庸、蜀、羌、

髳(máo)、微、卢、彭、濮的军队，沿着当年"观兵"的路线东征，直捣商都郊外的牧野(今河南卫辉市)。在牧野，姬发左手拿着黄钺(斧)，右手拿着白旄旗，激励将士说："举起你们的戈，排齐你们的盾，竖起你们的矛。现在我奉行老天的惩罚，希望你们威武雄壮，像虎、熊一样勇猛。在战斗中不要欺辱跑来投降的人，他们会壮大我们的势力。努力吧，将士们！"

天亡簋
西周武王时期。清道光年间陕西岐山县礼村出土。铭文记述周武王灭商后举行祭祀大典，祭告其父周文王，并取代商王祭祀上天，是西周立国的见证物。中国国家博物馆藏。

>>>小贴士
西戎八国方位 庸，今湖北竹山县；蜀，今四川西部及陕西汉中地区；羌，今陕甘交界处；髳，今山西平陆县；微，今陕西眉县；卢，今湖北襄樊西南；彭，今湖北房县；濮，今四川东部与湖北西部。

弦伯簋

西周早期。陕西宝鸡市纸坊头村弦国遗址出土。有专家认为，弦国人是巴蜀移民，他们在商周交替之际来到今宝鸡一带生息，后被周王室册封为异姓诸侯。纸坊头村青铜器铭文上的"弦伯"为周文王晚期至武王时期的弦国君。宝鸡青铜器博物院藏。

此时，商军主力远在东南地区，无法及时调回，商王帝辛只好仓促武装大批奴隶、战俘，连同守卫国都的军队，共有 17 万人，号称 70 万人，开赴牧野迎战。这些临时武装起来的士兵全无斗志，在周军精兵的震慑下纷纷倒戈，顷刻间土崩瓦解。帝辛见大势已去，逃回朝歌自杀了。周军乘胜追击，攻占商都朝歌。尔后，姬发及联军分兵四出，征伐忠于商朝的各地诸侯，肃清殷商残余势力，商朝灭亡。

牧野之战当年，姬发在诸侯的支持下，建立西周，定都镐京，即今陕西西安市。

>>>阅读指南

陈全方：《漫画西周》。三秦出版社，2006 年 8 月。

晁福林：《夏商西周的社会变迁》。中国人民大学出版社，2010 年 6 月。

>>>寻踪觅迹

周武王同盟山 位于河南获嘉县东北，是牧野之战现存于地表的唯一物证，有武王庙、太公校阅台、饮马池等建筑。相传周武王伐商时曾在此举行战前誓师和练兵。

河南卫辉市 牧野之战发生地，有比干庙、姜太公故里等相关景观。

50. 周公力挽狂澜

武王克商刚创伟业，两年后就积郁成疾离开了人世。继位的周成王年幼，便由叔叔周公摄政。

周公名旦，是周武王的弟弟。这时周公面对的是内乱外叛的局势。周公的哥哥管叔认为继承王位的应该是他，于是大肆散布流言蜚语，说周公有野心，有可能谋害成王，篡夺王位。其实周武王临终前曾想把王位传给德才兼备的周公，并且说这事不用占卜，可以当面决定。周公涕泣不止，不肯接受，只愿意"代成王摄政当国"。这时周王室内部也有人对周公持怀疑态度。处境十分困难的周公首先稳定内部，保持团结，说服重臣姜子牙和召公。他说："我之所以不顾困难形势而承担摄政重任，是怕天下不稳。如果江山变乱，生民涂炭，我怎么对得起列祖列宗和武王对我的重托呢？"大家这才相信了周公。

管叔见离间不成，便鼓动另外两个

周公东征方鼎
陕西宝鸡市陈仓乡出土。铭文记述了周公东征，征服东土四国，凯旋后在周庙进行祭祀活动。美国旧金山亚洲艺术馆藏。

小臣单觯(zhì)
西周成王时期。铭文记载成王平定武庚叛乱之事。上海博物馆藏。

太保鸟卣
西周。据铭文"太保铸"三字推测它应与召公家族有关。日本白鹤美术馆藏。

兄弟蔡叔和霍叔，勾结商的遗族、帝辛之子武庚发动叛乱。参加叛乱的还有徐、奄等几十个原来与殷商关系密切的方国，这使刚刚建立的周王朝面临夭折的危险。

周公镇定自若，大智大勇。他与召公一起，平息了兄弟之间的争权夺利，统一了内部意见，接着发布告示，亲率大军东征平叛。他首先进击管叔，只几个回合便击溃了叛军，斩杀了管叔，蔡叔、霍叔不战而降。武庚兵败向北方逃窜，不久去世。

周公接着南下、东进、北上，消灭其他反叛力量。先平定了今湖北孝感一带的虎族和今江苏丹徒一带的录族，控制了淮河上游、长江中游及汉水流域；然后沿淮水顺流而下，平定了以徐国为首的淮夷各族群；随后转而灭了生活在今山东境内东夷的丰、蒲姑，杀了丰伯和蒲姑国君；最后攻伐了纠合熊、盈等17国一起叛周的奄（今山东曲阜境内）。历时三年之久的东征胜利结束。

>>>阅读指南

游唤民：《周公大传》。湖南出版社，2008年8月。

孟世凯：《西周史与西周文明》。上海科学技术文献出版社，2007年4月。

保卣

西周早期。传河南洛阳出土。铭文记载召公太保受王命伐殷东国五侯的史实。上海博物馆藏。

周公东征像疾风骤雨席卷了黄河下游，改变了原有民族的格局。徐国一部分逃到江南（今江西）；一部分东夷被赶到淮河流域；嬴姓西迁。这促成了民族大迁徙、大融合。

周公东征的胜利，不仅维护了周王朝的统一，对华夏族整合的历史趋势也有重大意义。所以《诗经·豳风·破斧》云：

周公东征，……… 周公出征往东走，

四国是皇。……… 四方各国都惶恐。

……

周公东征，……… 周公出征往东走，

四国是吪（é）。……… 四方各国受感化。

……

周公东征，……… 周公出征往东走，

四国是遒。……… 四方各国得稳定。

>>>寻踪觅迹

中国三大周公庙 陕西岐山周公庙、河南洛阳周公庙和山东曲阜周公庙，都是为纪念、祭祀周公而建的，内有众多相关文物古迹。

51. 西周的民族格局

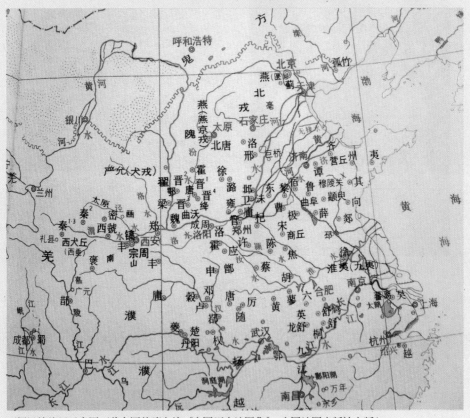

西周民族格局示意图（截自谭其骧主编《中国历史地图集》，中国地图出版社出版）

从夏到周，历时1000多年，中华大地上的"万国鼎立"，经过无数次的分分合合，到西周时，形成了各部族向华夏和蛮、夷、戎、狄族群靠拢的格局。

夏、周同源，周文王时周邦称为"夏"。周克商后，特别是周公东征后，商遗民也大多向周靠拢。到西周时，凝聚在周族周围的方国就包括卫、齐、鲁、燕、晋、宋、陈、蔡、许、曹、邢、虢（guó）、虞、郑、芮、梁、申、杞、魏、随、邓等。从夏铸九鼎，到鼎迁商，又迁周，夏、商、周从政治到文化均一

兽面象首纹铜罍(léi)
西周早期。四川彭县竹瓦街窖藏出土。从同一
地点出土的40件青铜器的规格看，应是蜀国君
王之器。四川博物院藏。

脉相承。至周成王和周康王时，基本上
完成了对夏、商、周族的整合，一个被
称为"华夏"的民族已在孕育之中。

在部分"万国"向华夏凝聚的同时，
其他"万国"在不同的背景和环境下，分
别向蛮、夷、戎、狄凝聚。南方的荆
楚、越、濮、闽、庸、麇(jūn)、蜀、
髳、微、僬侥(jiāoyáo)等向南蛮族群
凝聚，东方的淮、徐、奄、蒲姑、
郯(tán)、介、根牟、牟、邾(zhū)、莒、
舒庸、舒鸠(jiū)等向东夷族群凝聚，北

方的薰育、猃狁(xiǎnyǔn)、犬戎等向北
狄族群凝聚，西方的"万国"向西戎族群
凝聚。

整合后的"万国"被概括为东夷、北
狄、西戎、南蛮。《礼记·王制》说：中
国和戎狄等边远地区的五方民众，都各
有自己的习俗，不可改变。东方的民族
称为夷，他们披发文身,有生食的习惯；
南方的民族称为蛮，他们额上文花纹，
两脚趾相向着行走，也有生食的习惯；
西方的民族称为戎，他们披发穿兽皮，
有不吃五谷的习惯；北方的民族称为狄，
他们用羽毛做衣服，住在洞穴里，也有
不吃五谷的习惯。中原、蛮、夷、戎、
狄，都有安逸的住处、可口的食物、适
宜的衣服、便利的生活、齐备的器具。
五方的民众，言语不通，嗜欲不同，靠
翻译来沟通他们的想法。

>>>阅读指南
　　龚萌：《中国历代民族政策概要》。
民族出版社，2008年7月。
　　曾文芳：《夏商周民族思想与民族政
策研究》。人民出版社，2008年6月。

>>>寻踪觅迹
　　山西曲沃县晋侯墓地　西周晋国王侯
贵族的墓葬群，目前已发掘西周时期19
座晋侯及夫人墓葬，出土珍贵文物1.2万
余件，并探明有10座陪葬车马坑。相关
文物藏曲沃晋国博物馆、山西博物院。

52. 封邦建国制天下

宜侯夨(zè)簋
江苏丹徒县大港镇烟墩山宜侯墓出土。铭文记载周康王封夨为宜侯并赏以器物、奴隶、土地等，是迄今所发现的青铜器中唯一记载西周天子分封诸侯的实物资料。中国国家博物馆藏。

周族以方圆百里的小国、六七万人口的小族，入主中原，如何治理地广人多的商故地和属国呢？分封以"兼制天下"是其中最重要的政策之一，就是把全国分成若干个诸侯国，由周王分封给姬姓亲族和灭商大业中的有功之臣。各诸侯可以拥兵，但必须随时听从周王调遣，定期向周王纳贡、朝贺；允许封侯世代承袭，并可在封国内自行分封卿、大夫等官员；周王对诸侯有赏罚予夺之权，对封国中分封的卿、大夫等也有权过问。

据史料记载，周初共分封了71个诸侯国，属于周王室血统的姬姓国有53个，其中周武王的兄弟15国，周武王的儿子4国，周公后裔6国。周公被封于鲁（今山东曲阜），由长子伯禽就封，得殷民条氏、徐氏、萧氏、索氏、长勺氏、尾勺氏六族，允许使用周王室的各种政事制度；周武王弟弟康叔被封于卫（今河南淇县一带），得殷民陶氏、施氏、繁氏、锜氏、樊氏、饥氏、终葵氏七族，可实行殷族的政事制度，但要用周朝的法度来约束；周成王的弟弟唐叔虞被封

>>>阅读指南
　　龚荫：《中国民族政策史》。四川人民出版社，2006年6月。
　　任伟：《西周封国考疑》。社会科学文献出版社，2004年8月。

于夏墟（今山西），得鬼方族群的怀姓九宗，允许沿用夏族的政事制度教导夏民，用戎人的法度来治理戎人；召公被封到燕（今北京）；姜尚被封到薄姑故地，即今山东临淄一带，具有征伐侯伯的特权。此外，商朝的大量旧属国仍然保持原来的地位不变。

分封的时候，要举行授疆土授民的仪式，参加过牧野之战的诸侯还分到了商朝的宗庙彝器和宝物。

诸侯国的分封延续了很长时间，例

鸟足盉
西周晚期。河南三门峡市上村岭虢国墓地出土。虢国是西周早期重要诸侯国，开国君主是周文王的同母弟弟虢仲和虢叔。河南博物院藏。

晋侯鸟尊
山西曲沃县北赵村西周晋侯墓地出土。西周初期，曲沃是晋国始封地，周成王分封自己的弟弟叔虞于此，留下了"桐叶封弟"的传说。山西博物院藏。

如分封郑国就晚至周宣王年间。

一个个兼具国家与周王朝地方组织双重性质的诸侯国成为捍卫周王室的直接屏藩，不仅巩固和加强了周王室的统治力量，而且各封国普遍推行井田制，统一规划土地，也增强了周王朝的经济基础。如果说周武王克商打击了商朝的核心部分，周公东征扫清了商朝的外围势力，那么分封之后，周王朝的领地才真正巩固和扩大了，成为东至大海，南至淮河流域，北至辽东的泱泱大国。

>>>寻踪觅迹
虢国博物馆 位于河南三门峡市，建立在西周虢国墓地遗址上。虢国墓地是规模宏大、等级齐全、排列有序、保存完好的西周和春秋时期大型邦国公墓，已探明各类遗址 800 余处，出土文物近 3 万件。

53. 营建东都稳东方

何尊

西周成王时期。陕西宝鸡市贾村塬出土。铭文记载周成王继承武王遗训，营建成周。铭文中首次出现"中国"一词。宝鸡青铜器博物院藏。

武王克商后，为了稳定东方的族群，就有在洛邑（今河南洛阳市）创建新都的计划，他把这件事嘱托给周公。等到周公东征平定叛乱后，更加认识到稳定东方局势的重要性。为了巩固新开拓的半壁江山，营建东都洛邑便成为刻不容缓的事情。于是，一场大兴土木的浩大工程开始了。

传说东都洛邑的兴建始于周公摄政的第五个年头。这年农历二月下旬，周成王从镐京（今陕西西安沣河东岸）来到丰邑（今陕西西安沣河西岸），然后派遣召公前往洛邑勘察建都的地点。

三月初五的清晨，召公在洛邑占卜建都的地址，得到了吉兆，便开始规划。五天后，规划完成。次日，周公就亲自来视察新邑的规模。

过了三天，也就是十四日，在新都祭祀天神，杀了两头牛作为祭品。十五日，又举行了隆重的社祭，祭祀地神，献上牛、羊、猪各一头。

二十一日，周公召集殷地的侯、甸、男等诸侯，商议营建东都事宜，给他们分配了任务，东都的营建工作很快就开

>>>阅读指南

曲英杰：《史记都城考》。商务印书馆，2007年12月。

杨宽：《西周史》。上海人民出版社，2010年4月。

成周鼎

西周早期。山西曲沃县曲村镇出土。鼎内侧近口沿处有"成周"二字。北京大学赛克勒考古与艺术博物馆藏。

展起来。

成王视察了洛邑营建的情况后，对周公说："公发扬伟大的功德，使我继承文王、武王的事业，奉答上帝的教诲，使四方百姓和悦，住在洛邑；公的功德光照天地，勤劳施于四方，普遍推行美好的政事，虽遭横逆的事而不迷乱。文武百官努力实行你的教化……四方还没有安定，宗礼

也没有完成，公善于教导扶持臣民，要继续监督各级官员，安定文王、武王所接受的殷民。请公继续辅佐我。"

周公跪拜叩头说："王命令我到洛邑来，继续保护先祖文王所受的殷民，我奉行着王的命令。王来视察洛邑，考虑以厚礼来嘉奖殷商贤良的臣民，并制定治理四方的新法。我曾说过'从这九州的中心治理百姓，万国都会喜欢'。愿成土便殷民能够顺从万年。"

新都洛邑是按照都城的规范来设计施工的，城呈正方形，每边长9里。城外有郭，郭要比城大得多，边长27里。城墙高7丈，四角高出2丈，约9丈，以利于防卫和瞭望。大城四面各开3个门，共有12座城门。城里的道路分区清晰，泾渭分明，错落有序。大城

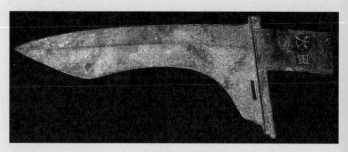

成周戈

北京琉璃河西周燕都遗址出土，台北"故宫"藏。

陕西岐山周公庙遗址出土的青铜簋

中心是宫城，是周王和大臣处理国家大事和生活的场所。城内和外郭都建有民居，郭的南面筑有圆坛，是周王和贵族祭祀的场所。

东都的大规模营建，是西周初期稳定政治的一件大事。分设东西两都以加强对东西部的统治，可以说是一种创举。让殷商遗民迁入新都居住，同样是实现族群沟通、增进认同和交融的一项新举措。

周公在新都刚开始建设的时候，就为它起了一个响亮而又吉利的名字——成周，取"成就周朝功业"的寓意，这和成王的"成"意义是一样的。他又把原来的都城镐京改名为宗周。成周和宗周是对称的：宗周是因为天子是天下的大宗而得名，而成周是因为建成四方统治中心而得名。自从成周建成之后，西都宗周的京畿和东都成周的京畿就沟通连接起来，就有所谓"邦畿千里"的呼应，这个呼应成了各民族强化联系的纽带。

>>>寻踪觅迹

河南洛阳王城公园　坐落在周王城遗址上，是历届洛阳牡丹花会的主会场，有牡丹精品、周鼎雄踞、河图洛书等景观。

54. "世变俗移"化殷

令方彝

西周早期。传河南洛阳马坡出土。铭文记述周公之子明保在成周举行祭祀，并任命成周百官及亡商诸侯。美国弗利尔美术馆藏。

周武王灭商后，为了收服人心，巩固新建的政权，在政治上采取了许多政策和措施。首先，采取以殷治殷、分而治之的办法安抚殷商遗民。周武王封商纣王之子武庚为殷侯，继续治理殷民。同时，把殷商王畿千里之地分为卫、鄘、邶(bèi)三国，让自己的三个弟弟管叔、蔡叔、霍叔分别治理，并负责监视武庚，称为"三监"。其次，下令释放被商纣王囚禁的贤臣箕子及百姓，修整商朝贤臣比干的坟墓。再次，散发商朝留下的财物、粮食，赈济饥民和贫弱的百姓。通过这些措施，商地很快稳定下来。

后来，武庚叛乱，这使摄政的周公认识到，重要地区不能再封给殷商旧贵族，必须分封周族中最可信赖的成员去管理。周公东征胜利后，就把周武王的弟弟康叔封到原来商王统治的中心地区去，并分给他七族有手工艺专长的殷民作为奴隶，还统有八师兵力，以防止殷民再度反抗。周公先后给康叔写了《康诰》、《酒诰》、《梓材》三篇文诰，告诫年幼又身负重任的康叔：商朝之所以灭亡，是因为商纣王酗于酒，淫于妇，以至于朝纲混乱，诸侯举义。周公嘱咐康叔要"敬天保民"、"明德慎

>>>阅读指南

胡留元：《夏商西周法制史》。商务印书馆，2006年7月。

晁福林：《夏商西周社会史》。北京师范大学出版社，2010年2月。

罚”，使殷民安定地从事农业生产和商业活动；要访问贤人长者，向他们讨教商朝前兴后亡的原因。康叔牢记周公的叮嘱，生活俭朴，爱护百姓，把殷旧地治理得井井有条。

东都洛邑建成后，周公又把大批商朝贵族即“殷顽民”迁居到那里，派召公对他们加强监督。

到了周康王的时候，“三监”之地的殷贵族在周公的教化下，已历时近 30 年，多数人已接受和服从周王室的统治，不少贵族甚至又成了奴隶主，一些人还成为周统治机构的成员。殷下层平民和俘虏变为周的奴隶后，劳役虽然很沉重，但人殉现象少了很多；殷旧民从只能在划定的地域内居住、生产，逐渐出现了与周人混居的现象。

康王命四朝元老、德高望重的毕公继续治理成周，用惩恶扬善的方法教化殷民，使之“世变俗移”。

康侯簋

西周早期。河南浚县辛村卫侯墓出土。器底铭文记述周王伐商，命康侯建国于卫地。英国大不列颠博物馆藏。

濦伯卣

西周早期。甘肃灵台县白草坡出土。濦伯本是殷商贵族之后，后成为西周封伯，替周王朝镇守濦水要冲。甘肃省博物馆藏。

“世变俗移”化殷政策的执行，使周商两族的心理鸿沟逐渐被填平，相互认同也就是必然的了。

同时，成王、康王继续先王对四方的征伐，不仅使中原地区本来还没有宾服的方国臣服，还远及江汉流域和长江下游，最终奠定了西周王朝的规模。司马迁《史记·周本纪》中说成王和康王统治期间，国力强盛，社会安定，40 多年不用刑罚。后世将这段时期称为“成康之治”。

>>>寻踪觅迹

河南上蔡县 西周“三监”之一的鄘国故地，蔡姓祖地。公元前 11 世纪，周武王封其弟蔡叔于此，以国为氏，传 18 代近 500 年，史称上蔡。有始建于西周初年的蔡国故城遗址、蔡叔度墓、蔡仲（蔡叔之子）墓等相关古迹。

55. 三个美女引发的战争

人头銎(qióng)勾戟

甘肃灵台县白草坡西周墓出土。专家推测戟上的人是鬼
方首领的形象。商末周初，白草坡一带分布着鬼方等少
数民族和共、阮、彭、卢、密须、虞、芮等方国，异常
复杂的局势持续了一百多年。甘肃省博物馆藏。

青铜镂空鞘短剑

甘肃灵台县白草坡西周墓出土，
甘肃省博物馆藏。

密须国在今甘肃灵台县西南一带。密须国在周文王时曾被灭国。当时文王只掠夺了密须国的财产，强迁了国君，而贵族、土地、居民仍存。

到周共王时，密须国已成为西北较大的诸侯国。它是当时泾水流域各国通向周王都的咽喉，也是西北诸戎出入的要冲；它居于戎狄间，戎狄犯周，密须必先受害，而周王想伐戎狄，也必须先控制密须。

周共王约密康公到泾水上游田猎，实际上是为了观察动静，寻找灭密的借口。在田猎时，密康公遇到三个美女，就把她们偷偷带回了密须国，据为己有，

銮铃

甘肃灵台县白草坡西周墓出土。銮铃是装在车上的铃铛，主要流行于西周至战国时期。甘肃省博物馆藏。

父丁角(jué)

甘肃灵台县白草坡西周墓出土。有盖的角主要流行于商代和西周早期。甘肃省博物馆藏。

不想献给周共王。密康公的母亲知道了，劝儿子："你有何德何能将三个美女全部据为己有呢？应该把她们献给周王，以求平安，免得遭到不幸。"

密康公对母亲的话未予以重视，也没照办。周共王要灭密须的根本原因，是占领军事要地，堵塞西北少数民族入侵的通道，"三女西奔而不献"一事正好成了周进攻密须的导火线。周共王号令三军大举进攻密须，密须国根本无力抵抗，很快就被攻陷了。

共王伐密在金秋季节，正逢达溪河洪水泛滥。兵临城下，密康公仓促应战。夜半城破，他骑牛逃跑，拂晓还没逃出，牛陷入城东二里处的河湾里，密康公被擒杀。密须人收拾了密康公的无头尸体，造了金头，葬在洞山南坡的半山腰。据说现在仍留有当年墓葬的大土堆。

>>>阅读指南

田志义：《灵台史话》。甘肃文化出版社，2007年8月。

祝中熹：《甘肃通史》（先秦卷）。甘肃人民出版社，2009年8月。

>>>寻踪觅迹

甘肃灵台县 因"史有文王伐密筑灵台"的记载而得名。西周初期至共王时期，这里是姬姓封国——密国，有古灵台、密康公墓、古密须国故城等众多周文化遗址和墓葬群。县博物馆收藏有相关文物。

56. 乡遂有别，分层整合

井叔牺尊

又叫邓仲牺尊。陕西西安张家坡出土。器物外形似马驹，似羊非羊，似鹿非鹿，长有一对翅膀，头部站立一只卷尾虎，胸前和臀部各有一条回首张望的卷尾龙。张家坡位于西周都城丰镐遗址内，年代从西周初年一直延续到西周末年。中国社会科学院考古研究所藏。

西周社会族群结构复杂，为了区别对待，西周王朝实行了乡遂制度，对不同族群进行分层管理。

乡遂制度是西周和春秋时期社会结构的重要特征之一。《周礼》把周天子直接统治的王畿，划分为"国"和"野"两大区域，对整个王畿的经营布置，称为"体国经野"。"郊"是国和野的分界线。郊以内是"国中及四郊"，郊以外是野，郊就是由于它是国和野的交接之处而得名的。

国的本义是指王城和国都。在国以外和郊以内，设有"六乡"，这就是乡遂制度的"乡"；在郊以外和野以内，设有"六遂"，这就是乡遂制度的"遂"。

不仅所居地区有国和野的区别，而且居民的身份也不同。王城、六乡的居民称为"国人"；六遂处于野的地区，其居民被称为甿(méng)、氓或野民、野人。

六乡居民多采取聚族而居的方式，保持有氏族组织的残余形式，在一定程度上仍以血缘关系作为维系的纽带；从邻里组织分为邻、里、酂(zàn)、鄙、县、遂六级来看，可知六遂的居民已完全以地缘关系代替了血缘关系。

双耳青铜杯
陕西西安张家坡出土，陕西历史博物馆藏。

六乡居民都是国人，具有国家公民的性质，少部分是属于统治阶级的贵族，一部分是自由民，依旧沿用传统习惯，用血缘关系作为团结的纽带。六遂居民是野人，是农业生产的主要担当者，虽然有一套平均分配耕地的制度，但却是为了发展农业生产和均分对贵族的负担。六乡也有平均分配耕地的制度，但却是为了保持公民之间的平等权利，维持他们提供兵役和劳役的能力。六遂居民不仅要在公田从事无偿劳动，还要提供贵族所需的一切物产，随时接受贵族的召集，参与狩猎、防务和出征作战，他们的负担是繁重的。

西周乡遂制度的实施，使血缘关系向地缘关系转型，久而久之，族群间渐成交错杂居的格局，到春秋时，族群间的心理边界已被打破。

>>>阅读指南
李晓杰：《体国经野——历代行政区划》。长春出版社，2004年1月。
王健：《西周政治地理结构研究》。中州古籍出版社，2004年1月。

>>>寻踪觅迹
陕西安康市 商周时期庸国故地，留有丰富的巴蜀文化、楚文化和庸文化遗存。市博物馆收藏有相关文物，其中王家坝出土的史密簋是西周乡遂制度的重要史证。

孟簋
西周穆王时期。陕西西安张家坡出土，陕西历史博物馆藏。

57. 族众——多民族组成的军队

师酉簋

铭文记载周王命师酉继承祖先的官职，管理城市官员邑人和王的近卫军队虎臣，虎臣中包括西门夷、秦夷、京夷、身夷等少数民族。传世共四件，一件在中国国家博物馆，三件在故宫博物院。

军队是王权的工具，它的组成人员必须忠诚可靠。在民族关系紧张时，"非我族类，其心必异"，但在民族融合时期，它却是民族政治整合和认同的重要标志。

夏代已有一支强大的军队，禹征三苗时所率军队"济济有众"，少康在有虞氏居住时的军队"有众一旅"，说明夏朝的军队是由"众"组成的。"众"在包括甲骨文在内的文献中都是族众的称呼，他们平时务农，战时披坚执锐。夏代的族众既来源于夏后氏，也来源于夏的同姓和姻亲。少康复国时，就曾召集同姓斟灌、斟鄩两个族群的余部，共同讨伐寒浞，同时又拥有姻亲有虞氏的一旅之众。这表明斟灌、斟鄩、有虞各族群对夏族的政治认同。

商代军队也是由族群构成。甲骨卜辞中有王师、王旅，这些都属商王亲自掌握的军队。卜辞中的雀师、犬师、吴师、禽师等为诸侯国军队，受商王调遣。卜辞中的王族是商王的亲族组成的队伍，多子族则是商

师寰簋

西周宣王时期。铭文记载淮夷叛乱，宣王令师寰率领虎臣和齐国、莱国等联军征伐淮夷。上海博物馆藏。

虢季子白盘
西周宣王时期。传清道光年间陕西宝鸡出土。铭文记载虢国季子白奉周王之命征伐猃狁。中国国家博物馆藏。

代同姓贵族或诸侯的军事组织。而各族群的军队，都是由族众组成的，如王师、王族由王众组成，禽师由禽众组成。

这种制度沿袭到西周。西周有西六

盠（lǐ）方彝
陕西眉县出土。铭文记载周王命盠掌管王之西六师和司徒、司马、司空以及殷八师的事务等。中国国家博物馆藏。

师和殷八师（成周八师）两部分军队。这两支由天子统率的军队也都由族众构成。可见，西周军队族兵的性质基本不变，只是规模有所扩大，编制及管理更加健全而已。这表明周族与商族的融合已经从"非我族类"达到了"彼此彼此"的新境界。

>>>阅读指南
　　中国军事史编写组：《中国历代军事制度》。解放军出版社，2006年1月。
　　曲永恒：《古代军制》。吉林文史出版社，2010年4月。

>>>寻踪觅迹
　　西周车马博物馆　位于陕西西安张家坡村，建在沣西车马坑的基础上。沣西车马坑是西周成、康时代奴隶主墓葬的车马殉葬坑，已发现18处殉葬车马坑群。

58. 钺——王权的象征

钺在夏、商、周三代是具有征伐权力性质的兵器，是王权的象征，是国君统率军队的权杖。三代王朝每逢征伐、祭祀、出巡或举行重大典礼，国君都亲自执钺，以显神圣的权力和威严。执钺者不是国君、方伯，就是地位很高的贵族和将领。方伯或贵族、将领所执之钺，也是国君所赐，其形制依权位高低有大小之别。

钺有青铜钺和玉钺两种，它是由新石器时代的生产工具石钺发展而来的。石钺是一种扁平、背部中央有圆形穿孔的石器，是史前先民用于砍伐的工具。随着原始社会的解体，石钺失去了生产

耳形虎含銎(qióng)钺
西周早期。甘肃灵台县白草坡西周墓出土，甘肃省博物馆藏。

周武王伐商在牧野誓师时"左杖黄钺"。商纣王兵败后，周武王又以黄钺斩纣王的头，以玄钺斩纣王两个宠妾的头。这个钺是什么？它有什么功能？

>>>阅读指南
吴十洲：《两周礼器制度研究》。（台湾）五南图书出版股份有限公司，2004年7月。
许兆昌：《夏商周简史》。福建人民出版社，2004年12月。

西周涡纹钺
陕西历史博物馆藏。

妇好大铜钺
河南安阳殷墟妇好墓出土。

夏代玉钺
河南偃师市二里头遗址出土。

西周早期象首兽纹钺
上海博物馆藏。

工具的功能，被赋予了新的意义，成为战争中的武器和礼仪中的权杖。《墨子·非攻》记载，禹在征讨三苗时所握的玉钺为天赐，商、周二代，作为王权象征物的钺都是从前代王朝继承下来的，并由商王、周王赐给方国或诸侯作为征伐军权的信物。

另外，夏族钺、戉(yuè)、岁三字同义，用"戉"来命名地球环绕太阳一周的时间单位——年，可见钺还是夏文化的基因之一。

>>>寻踪觅迹

甘肃省博物馆 收藏有甘肃灵台县白草坡村西周早期贵族墓出土的大量兵器，包括戈、戟、钺、短剑、弓形器以及成束的铜镞等。

59. 井田连起千家万户

散氏盘

西周晚期。传陕西凤翔县出土。铭文为一篇土地转让契约，记述矢（zè）人付给散氏田地，确定土地封界并盟誓，是研究西周土地制度的重要史料，其书法开"草篆"之端。台北"故宫"藏。

在中华民族形成的早期，是什么把所有不同族群的人不分身份、紧密地联系在一起的呢？是井田制。

井田制出现在夏代。夏族在正月要"农率均田"，就是在每年洪水过后、春耕之前把土地重新分配一次，并确定地界，从而形成外有封疆、内有阡陌的井田。

到了商代，商族发展了井田制。井田周围有"疆界"，甲骨文的"疆"字表现得十分清楚，都从"弓"、从"田"。从"弓"，即用弓丈量土地，分划田界；从"田"，即南北田界分明。商王分封给奴隶主贵族的井田，在甲骨文中称为"邑"，上从"口"，下呈人跪形。可见邑就是商代奴隶主贵族拥有的一定数量井田和奴隶的封地。

在周代，井田制有了完备的形态。一是有了准确的亩制。周制百步为亩，一夫百亩（约合今31.2亩），称为一田，是井田的基本单位。根据不同地区的具体情况，

召卣

铭文记述周王将位于毕地的"方五十里"土地赏赐给召。以方里作为计量土地的单位，是研究井田制的重要资料。中国国家博物馆藏。

格伯簋（倗生簋）

铭文记录了西周中期一次土地买卖的全过程：格伯用四匹好马与倗生交换30田，双方剖券为凭，并实地勘定田界，具结交换事宜。传世的格伯簋共四件，上海博物馆、中国国家博物馆和故宫博物院有藏。

五祀卫鼎

西周共王时期。陕西岐山董家村出土。铭文记载裘卫和邦君厉交易土地的事情，反映西周中期部分土地已属私有，但土地的转让、交换和买卖仍需通过王朝重臣，是研究西周中期社会经济和土地制度的珍贵资料。陕西历史博物馆藏。

有的"九夫为井"，以四进位上推，构成邑、丘、甸、县、都的体系；有的"方一里为井"，以十进位上推，组成通、成、终、同、封、畿的体系。二是有了比较完整的灌溉和道路系统。井田中间的灌溉系统称遂、沟、洫(xù)、浍(kuài)、川，与其相对应的道路系统则称为径、畛(zhěn)、涂、道、路。周王把井田分封给诸侯和百官，对奴隶主贵族来说，既是计算俸禄的单位，又是计算奴隶劳动价值的单位。对奴隶来说，井田则是他们的劳动对象，既要用劳动养活奴隶主，又用以获得维持自己生存的最低条件。

这样，所有的人都被井田紧紧地捆绑在一起了，井田制成了联系不同族群、不同身份人群的一种纽带。

>>>阅读指南

曹毓英：《井田制研究》。华中师范大学出版社，2005年2月。

张经：《西周土地关系研究》。中国大百科全书出版社，2006年8月。

>>>寻踪觅迹

上海博物馆　馆藏珍贵文物12万件，以青铜器、陶瓷、书法、绘画最有特色，有中国青铜器专题陈列，大克鼎、保卣等西周重器均收藏于此。

60. 古朴多样的农具

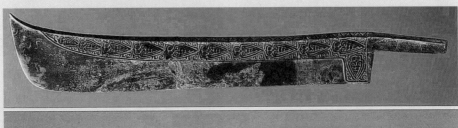

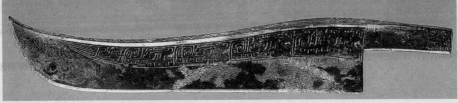

江西新干县大洋洲商墓出土的夔纹青铜刀

中华民族的农耕文化从农具的演变可见一斑。夏、商、周三族的农具原始、古朴又多样，经历了从木器、石器到青铜器的发展过程。

夏代以木、石、骨、蚌制作农具。砍伐用石斧，启土用木耒(lěi)、石铲，收割用石镰、石刀、蚌刀等。

商代已出现青铜农具。在殷墟妇好墓

江西新干县大洋洲商墓出土的铜犁铧

江西新干县大洋洲商墓出土的卷云兽面纹铜耜(sì)

江西新干县大洋洲商墓
出土的燕尾纹青铜镬
镬是起土和除草的农具，
也是木工工具。

中出土了41件青铜生产工具，有锛（bēn）、凿、刀、铲等。在湖北武汉市盘龙城商代遗址中出土了锸（chā）、镢（jué）、斧、锛等青铜农具。与夏代相比，商代农具有了很大的改进，种类也增加了许多，其中耜是从耒发展而来的，为后世犁的前身。

西周已普遍使用青铜农具，并出现了一些铁制农具。《诗经·周颂·臣工》云："命我众人，庤（zhì）乃钱（jiǎn）镈（bó），奄观铚（zhì）艾（yì）。"这里的钱就是锹铲，镈就是锄头，铚和

艾都是收割工具，类似镰刀。这些工具多从"钅"旁，可见是青铜制品，也可能是用熟铁皮包口的，这是农业生产工具的划时代进步。

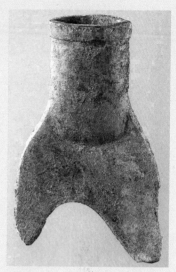

江西新干县大洋洲商墓出土的铜耒

古朴而多样的夏、商、周农具，成为中华民族农业文化最早的代表，后世很多农具都可以从这里找到雏形。

>>>阅读指南

陈文华：《20世纪中国文物考古发现与研究丛书·农业考古》。文物出版社，2002年2月。

张力军：《图说中国传统农具》。学苑出版社，2009年2月。

>>>寻踪觅迹

江西省博物馆 收藏有江西新干县大洋洲商墓出土的三十多件青铜农具。

盘龙城遗址博物馆 位于湖北武汉市。盘龙城遗址出土了我国迄今发现最早、最完整的一批青铜农具和100余件石器生产工具。

江西新干县大洋洲商墓出土的云纹青铜锸

61. 粟稻当家，南北有别

彼黍离离，彼稷之苗。·················黍子行行多茂密，高粱苗儿也整齐。

黍稷稻粱，农夫之庆。·················黍稷稻粱都熟了，丰收农夫乐陶陶。

采菽采菽，筐之筥之。·················采大豆呀采大豆，圆箩方筐都装满。

硕鼠硕鼠，无食我麦。·················大老鼠啊大老鼠，千万别吃我麦子。

这是《诗经》中与农作物有关的一些句子。

夏、商、周三代的农作物种类从夏至周呈递减的态势。《尚书·舜典》记载有百谷；后来《周礼·天官·大宰》说有九谷，即黍(shǔ)、稷(jì)、秫(shú)、稻、麻、大豆、小豆、大麦、小麦；到了《周礼·天官·膳夫》只有六谷，即稌(tú)、黍、稷、粱、麦、菰(gū)；最后《周礼·天官·疾医》只剩下五谷，即稻、黍、稷、麦、菽(豆)。这种遗粗取精的递减情况，反映了夏、商、周三代农业的进步，也反映了当时农作物俗称的变化。

夏、商、周三代农作物的品种虽多，但主要还是粟和稻，北方以粟当家，南方以稻当家。这是南北不同民族不同的生存策略选择的结果。

卫始豆
西周。豆，盛食器和礼器，出现于商代晚期，盛行于春秋战国时期。故宫博物院藏。

匽侯盂
辽宁喀喇沁左翼县出土。内壁有铭文"匽侯作馈(fēn)盂"，意思就是燕侯所作、用于盛饭的盂。匽侯即西周燕国国君。中国国家博物馆藏。

粟泛称谷，即现在中国北方的谷子，脱壳后俗称小米。夏、商、周的黍和稷，实际上也可以统称为粟。由于粟耐旱，适应中国北方的气候和土壤，因此种植广泛。

在南方，早在河姆渡时代就开始种稻，并形成"饭稻羹鱼"的风俗。周代很重视稻的种植，设有"稻人"一职，专管稻田生产。稻还是宗庙祭祀的主要祭品之一，称为"嘉蔬"。由于水稻种植已很普遍，百姓也以稻为祭品，美称为"稻以雁"，就是把稻米作为大雁一样珍贵的祭品，甚至办丧事也用稻当陪葬品。稻作为主粮产量多了，也成为酿酒的主要原料，用稻米酿

伯公父簠（fǔ）

陕西扶风县云塘村西周窖藏出土。铭文记载伯公父作此簠盛装新麦、粳稻、糯稻和高粱，用以祈求长寿多福。簠是盛放黍、稷、粱、稻等的器具，盖和器身上下对称，合则一体，分则为两个器皿。出现于西周早期，盛行于西周末春秋初。宝鸡青铜器博物院藏。

圅盨（xǔ）

西周晚期。盨是古代盛放稻、黍、粱的食器和礼器，有盖和两耳，盖上有四个方足，取下盖翻置即成另一器皿。出现于西周，流行于西周晚期。故宫博物院藏。

的甜酒俗称"稻醴（lǐ）"。

夏、商、周先民以稻、谷为日常主食，奠定了中华民族的饮食结构基础。

>>>阅读指南

陈文华：《中国古代农业文明史》。江西科技出版社，2005年10月。

陈文华主编：《中国农业通史》（夏商西周春秋卷）。中国农业出版社，2007年8月。

>>>寻踪觅迹

中国农业博物馆　位于北京农业展览馆内，是目前中国唯一的国家级农业专业博物馆，有中国古代农业科技史、中国传统农具、中国农业史等专题陈列，收藏有大量反映农业发展的古代文物。

62. 从韩起买玉看商人做生意

西周贝币
陕西历史博物馆藏。

周代的商业是怎样发展起来的？韩起买玉的故事是一个很有趣的注解。

公元前 526 年，喜欢收集玉器的晋国执政大臣韩宣子（名起）出使郑国，当他得知有位郑国商人手上有一副价值倾城的玉连环时，便向郑国索要。

郑国大臣子产当即拒绝："玉连环不是国家的器物，我们国君不管此事。"

韩起不死心，找到那个商人，出高价强行购买。

玉连环虽然收藏在一个商人手中，但却是国宝，不能随便让它流出国去，可不卖又怕影响两国的友好关系，引出乱子。商人无可奈何地说："玉连环虽然卖给了您，但是按照郑国的法律，希望您向我国执政子产打个招呼。"

韩起又去访问子产，说："我向您请求得到玉连环，您认为不合道义，我也不好为难您。现在我从商人手中购得玉连环，并遵守贵国制度，特来向您郑重报告。"言下之意是要子产同意他把玉连环带回国。

不料子产仍然不答应。他委婉地说："我国先君郑桓公和商人，都是从周地迁居来的。当年大家同甘共苦并肩战斗，在这片不毛之地上建立了自己的家园，并且世代都有盟约，保证互相信赖和支持。盟誓要求商人不能背叛祖国，官员也不能强行购买。不要乞求，不要

>>>阅读指南
　　余鑫炎：《简明中国商业史》。中国人民大学出版社，2009 年 2 月。
　　童书业：《中国手工业商业发展史》。中华书局，2005 年 9 月。

卫盉

西周共王时期。陕西岐山县董家村西周窖藏出土。铭文记载矩伯为了觐见周王，用农地从裘卫处换取了价值80朋的玉质礼器和价值20朋的皮裘礼服之事，也把贝作为衡量和计算商品价值的尺度记载了下来。岐山县博物馆藏。

掠夺。你有赚钱的买卖和宝贵的货物，我也不干涉过问。如今您怀着友好的情谊来访我国，却告诉我要以高价强行购买国宝玉连环，这违背了盟约的精神，这不是叫商人做背叛国家的事，让我国威信扫地吗？我劝您不要做这样的事。不错，现在玉连环是在您手里，我也不能强行命令您留下。可是大国命令我们小国没完没了地供应财物，这是要把我们变成晋国的附庸，使我们丧失主权和独立地位，我们是绝不会答应的。"

韩起听了，找到那个商人，退还了玉连环。

郑国执政者实践了保护商人的承诺，不仅使商人的利益得到保障，无形中也歌颂、表彰了商人的爱国行为，使郑国商人爱国的热情空前高涨。

从这个故事可以看出，武王灭商后，把殷商遗民分给了各诸侯国。鲁、卫等国分到的是手工业者或种田人，而郑国分到的则是做买卖的商人。郑桓公对待这些殷商遗民，一方面要求他们务农，另一方面允许他们闲暇之时从事商业活动。《尚书·酒诰》中就说：殷民要专心住在卫国，用你们的手脚，专心种植黍稷，勤劳地侍奉你们的父兄。农事完毕之后，勉力牵牛赶车，到外地去从事贸易，孝顺赡养父母。

殷人善于做生意，而周人则重农轻商，贱视、鄙视生意人，称生意人为"商人"。后来，虽然商、周两族的民族界限逐渐淡化并消亡，买卖人不再以商族人为主体，但人们仍把"商人"作为买卖人的通称。

>>>寻踪觅迹
郑韩故城 在河南新郑市。西周至春秋时期，郑国和韩国先后在此建都，留下大片夯土建筑遗址和各种手工业作坊遗址。考古发现了多达3000多座的郑国贵族墓葬群与大型车马坑群。新郑市博物馆有相关文物专题展览。

63. 前朝后市开市场

鲁方彝盖
陕西岐山县流龙嘴村出土，陕西历史博物馆藏。

陕西岐山县出土的西周前期铜器齐生鲁方彝铭文说："齐生鲁肇贾休，多赢。"意思是商人齐生鲁经商有方，赢利很多。

商业对于民族之间的经济互动有重要作用。西周对市场已有了一套较为完善的管理制度。兮甲盘铭文说：兮甲受周王之命，掌管成周及四方的贡物。兮甲叫淮夷的商人必须到规定的市场进行交易，否则将受到惩罚。其他诸侯百姓中的商人也不得随意进入蛮夷地区非法交易，否则也要受到处罚。可见西周的

城市设有进行贸易的市场，称为"市"，市场管理是整个王制的组成部分。

《周礼·司徒·司市》中对西周前朝后市做过生动的描述——

在都城中，王宫位于中心位置，市设在王宫的北面，称为"前朝后市"。整个市场分为三个部分，中间是大市，中午进行，经营的物品比较精美；东边是朝市，早晨进行，以大宗的批发贸易为主；西边是夕市，傍晚进行，以小规模的农副产品和一般日用物品的贸易为主。大市交易以百姓为主，早市以商人为主，晚市以小贩为主。

司市的职务是掌管市场的管理、指挥、政令、刑罚、度量衡和禁令：教导商贩按照司市设的标志摆设摊位，划定市场

>>>阅读指南
　　吴慧：《中国商业通史》（第一卷）。中国财政经济出版社，2004年3月。
　　王静、许小牙：《中国民间商贸习俗》。四川人民出版社，2009年7月。

的范围，按照货物的类别摆列，便于货比货，使物价平稳；禁止过于奢侈的物品上市，平衡市场价格；招来商贩以充实市场的货物，使货币加快流通；依靠度量衡确定货物的价格，吸引顾客；用契约定下双方应遵守的信用，防止争讼；依靠胥师、贾师等官吏查禁伪劣商品，杜绝欺诈行为；用刑罚条例禁止市场出现凶暴，除掉盗贼；根据市场供销情况用官府的货币收购或赊货，对市场进行调节。

人们开始进入市场时，胥师就手持鞭子和木棍守住市场大门，市场中的群吏检查各摊位，负责辨别货物真假，管理物价，并在市场中的办公地点悬挂旌旗，宣告交易开始。

司市在办公地点处理市场上的大事和重要的争执，胥师、贾师则处理小事和一般的争执。凡是在交易过程中发生钱货纠纷，或在度量衡上有争执，或违反禁令应施以刑罚的，都在摊位上当众解决。拾得货物、钱财和六畜的，也在

颂壶
西周晚期。铭文记载内容与颂簋大致相同。
台北"故宫"藏。

摊位上供认领，如果三天没有人来认领，就上交官府充公。货物和钱财的运输，加盖印章作为出入的凭证。如果国家遇到天灾或疾疫流行，就免除市场的税收，并大量铸造货币救济人民。

前朝后市的市场模式，反映了西周各民族商业贸易往来、物资交流的发展和成熟。

颂簋
西周宣王时期。铭文记载周王任命颂为成周贾师。山东省博物馆藏。

>>>寻踪觅迹
山东曲阜市　有重建的鲁国都城遗址。鲁国是周武王之弟周公姬旦的封地。鲁国都城始建于西周初年，是严格按照周礼规定建造的，前朝后市，左祖右社，宫城位于都城中心。鲁城约使用到西汉晚期，现地上仍保存5000多米城墙，地下文物丰富。

64. 君子比德于玉

言念君子，

温其如玉。

《诗经·秦风·小戎》中的这句诗说："想起我的好夫君啊，温和如玉多贤良。"玉文化发展到西周，玉之美与社会道德规范相比附。对此，孔子与学生有一段十分精当的对话。

孔子的学生子贡问孔子："为什么君子都看重玉而鄙视那似玉非玉的珉(mín)石呢？是因为玉少而珉石多的缘故吗？"

孔子说："不是。君子之所以将德行

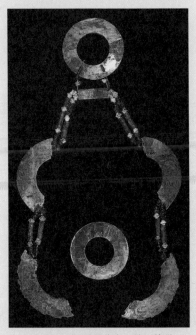

山西曲沃县西周晋侯墓出土的玉饰品

和玉相比拟，是因为玉有很多美质。如玉色温润莹泽，就像仁；玉纹理细密坚实，就像智；玉有棱角却不伤人，就像义；佩玉悬挂下坠，就像礼；敲击玉声音清脆悠扬，终止时却戛然而止，就像乐；玉的瑕疵不会掩盖本身的光泽，玉本身的光泽也不能遮掩它的瑕疵，就像忠；玉晶莹明澈，光彩外发而通达四方，就像发自内心的信；玉的光气犹如白虹能抵达天空，与天同德；玉的精气

玉饰件

河南三门峡市西周虢国墓地出土，虢国博物馆藏。

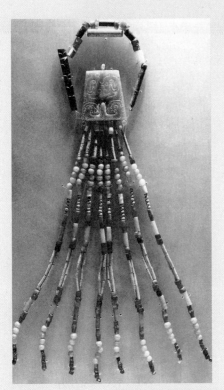

玉佩饰
河南平顶山市西周应国墓出土。

玉佩饰
山西绛县横水镇西周墓地出土，山西博物院藏。

能从山川中显现出来，与地同德；圭璋（贵重的玉器）用来朝聘，不必假借他物，就如君子的德。天下没有谁不看重玉的，这是道的显现。"

人们佩玉的风气在西周时就已盛行，所谓"君子无故玉不去身"。当时贵族随身佩戴的玉器有环、玦(jué)、笄(jī)、钏(chuàn)、珠、坠等，还有一类是人和动物造型的小型圆雕或浮雕。

以玉比德，佩玉的风气渐成习俗，沉淀为中华文化最具特色的亮点之一。

>>>阅读指南
古方：《冰清玉洁——中国古代玉文化》。四川人民出版社，2004年1月。
王文浩：《西周玉器》。蓝天出版社，2006年3月。

>>>寻踪觅迹
河南三门峡市虢国博物馆、山西博物院、首都博物馆 设有专门的玉器展厅，陈列当地西周墓葬出土的玉器。

65. 以铜为书

商族把字"写"在甲骨上，以骨为书，形成甲骨文；周族则把字"写"在青铜器上，以铜为书，形成金文。商周时期刻有这类古文字的青铜器很多，主要集中在作为礼器的钟和鼎上，因此，铭文又有钟鼎文之称。

其实，商王帝乙、帝辛统治时期，金文已初步发展，表现为铸造铭文的铜器增多，还出现了铸有十多个字乃至几十个字的长篇铭文。这些铭文的内容涉及人物的活动和具体的历史事件，有的还标出了作器的时间。商末铭功记事的金文，为日后西周的长篇铭文开了先河。

金文的成熟期是在西周。此时各种形式和内容的长篇铭文陡然增加，字数远胜过商末。如武王时的天亡簋铭文78字，成王时的令彝、令尊铭文187字，康王时的大盂鼎铭文291字，毛公鼎铭文则达到499字。周初金文继承商末传统，大多为贵族铭记功劳之作，但比商末金文详细具体，内容涉及当时的政治、军事和社会制度各方面。尤其值得注意的是，它们不仅记载了君王给予贵族嘉奖的具体情形，往往还记录了君王对贵族们发表的一些告诫训导之辞。这些诰词充满了谆谆教诲之意，讲述治理国家的道理，分析历史兴衰和从政必须注意的德行修养等，不仅记事，而且记言。

西周长篇记事记言铭文的涌现，与语

单五父壶及局部铭文

陕西眉县杨家村西周单氏家族青铜器窖藏出土。包括单五父壶在内共27件青铜器，件件都有铭文，总字数超过4000字。这些铭文字体遒劲古朴，有着很高的艺术价值，也是一部完整的家族史和西周史。陕西历史博物馆藏。

逨（lái）盘

陕西眉县杨家村西周单氏家族青铜器窖藏出土。内底有铭文约 372 字，历数单氏家族八代人辅佐西周 12 位王（文王至宣王）征战、理政、管治林泽的功绩，对西周王室变迁及年代世系有明确的记载，可与史书记述相互印证，如同一部西周断代史。

言文字的进步有关，也与商周之际政治形势的变化和周人的制度建设密切相关。周人实行的分封制、宗法制、世卿世禄制无疑也促使铭文内容具有更加广泛的社会性。青铜器铭文是在铸造器物过程中刻写、铸造出来的，具有一种特有的浑厚、凝重的审美效果和稳定、简明的实用价值。金文在先秦文字发展的进程中占有重要的地位，它集中反映了西周至春秋时期 600 年间中国语言文字的使用情况，既是汉字发展的一个重要阶段，又是中华文化的一个宝贵资料库，对中华民族心理的形成起着不可估量的内聚作用。

>>>阅读指南

陈絜：《20 世纪中国文物考古发现与研究丛书·商周金文》。文物出版社，2006 年 4 月。

王辉：《中国古文字导读丛书·商周金文》。文物出版社，2006 年 12 月。

>>>寻踪觅迹

宝鸡青铜器博物院 中国唯一以青铜器命名的综合性博物馆。宝鸡是周秦文明发祥地，是中国出土周秦时期青铜器最多的地区。在五万多件（组）馆藏文物中，周秦青铜器约占一半，其中包括西周早期都邑周原地区出土的众多文物。

66. 青铜器上的互动世界

班簋
西周穆王时期贵族毛班所作，首都博物馆藏。

以铜为书的西周是一个怎样的世界？青铜器上的金文以最准确的方式为后世展示了它的真实面貌。

金文的内容丰富多彩，万象森罗，记录了祀典、赐命、征战、围猎、盟约等事件，而铭记最多的则是族群间的战争。凡是文献中谈到的周初征伐以及日后对周边少数民族或族群的战争，金文几乎都有记载和反映。如利簋记载的武王伐商时在甲子日的早晨战胜商纣王的金文，就与《尚书·牧誓》等文献完全一致。

穆王时期的班簋铭文记载周王命毛伯监管繁、蜀、巢三个方国，并率领邦族的首领制造战车、征召战士，让吴伯和吕伯作为毛公的左、右师，用三年时间平定了东夷的叛乱。宣王时代的师寰簋铭文记载了王命师寰率虎臣以及齐、

>>>阅读指南

刘雨、沈丁、卢岩、王文亮：《商周金文总著录表》。中华书局，2009年4月。

张再兴：《西周金文文字系统论》。华东师范大学出版社，2004年1月。

莱等国的武装一起征淮夷，剿灭了淮夷四个邦的首领。在施行军事威慑的同时，也采取了政治手段，驹父盨（xǔ）盖铭记了宣王的重臣南仲邦父命驹父等巡视南淮夷，使南淮夷各邦不敢不敬畏王命而迎王使。

康王时代的小盂鼎记载伐鬼方的两次战役，生擒鬼方酋长4人，馘（guó，割取敌人左耳用以计数报功为馘）5000余人，第一次俘虏13081人。多友鼎详细记叙了周厉王时某年十月与猃狁在今陕甘交界的泾水流域发生的一次战争。武公命多友率领王族的兵车向西追击，先后在郪、龚、世、杨冢等地进行战斗，杀敌300余人，俘获20多

禹（chēng）簋

西周穆王时期。河南平顶山市应国贵族墓出土。铭文记述周王来到卫国的姑城，他赞美了应国公室人员禹，并赏赐给他三十朋贝和四匹马，对探讨周王朝与应、卫等诸侯国的关系具有重要价值。北京保利艺术博物馆藏。

人，夺得战车127乘，还救回了被俘的周人。宣王时期的虢季子白盘记载虢国季子白在洛水之北抗击猃狁，斩500人。

宜侯夨簋详细记载了周康王赏赐宜侯土地、奴隶的数字。由于该器发现的地点在长江下游，与其铭文谈到的宜地位于"东国"的地理位置一致，有的学者认为宜国就是春秋时期东南吴国的前身。这说明西周的民族关系已经扩展到今江浙一带了。

>>>寻踪觅迹

　　齐国故城遗址博物馆　位于周代齐国故都山东淄博市，辟有西周文化展厅。齐国是由周武王分封军师姜子牙所建，立国达800余年。

多友鼎

西周厉王时期。陕西西安长安区下泉村出土，陕西历史博物馆藏。

67. 钟乐齐鸣

戎生编钟

西周懿王时期。作器者为晋国大臣戎生。153字的长篇铭文对研究周代历史及音乐史等具有重要价值。北京保利艺术博物馆藏。

音乐是一个民族的灵魂。由青铜文化哺育出来的商周音乐中，铜乐器占有重要的地位。商代的铜乐器是三件一组的编铙（náo）。铜钟是西周时创制的，这在音乐发展史上是个杰出的创造。这种钟是椭圆形的，钟口呈弧形弯曲，经过锉磨以调整音律。它与欧洲和印度等地流行的圆形钟不同，圆形钟在演奏旋律较快的曲子时，会发生音波干扰，而用椭圆形钟则不会出现这种情况。

一个大钟单独挂在架上供敲打奏乐的，称为特钟。几个不同音阶的钟挂成一排以敲打奏乐的，称为编钟。这些钟一般都能发出两个音，一个在"鼓"部（钟下边沿钟口的部位）的正中，另一个在"鼓"部的旁边。西周是乐钟的创制和发展时期，到西周中晚期，编钟已由三件或五件发展

宗周钟

周厉王之器。商代钟形乐器大多口朝上，西周改为口朝下的甬钟形式。宗周钟是甬钟的代表，36枚高突的长形乳丁纹是其最大特征。台北"故宫"藏。

克镈

西周厉王时期。相传清光绪十六年（1890）陕西扶风县出土。镈为大型单个打击乐器，是钟类乐器中的"巨人"。在祭祀或宴飨时与编钟、编磬配合使用，是用来指挥乐队、控制整体节奏的。天津博物馆藏。

兽面纹铙

山西曲沃县西周晋侯墓地出土，与八件套的编钟组合使用。

为八件一组，依钟的大小有次序地悬挂在木制钟架上，用木槌敲击发声，音色清脆悠扬，穿透力强。当时编钟经常用于宫廷宴会，被称为钟鼓之乐。

西周后期八件成套的编钟，都是由宫、角(jué)、徵(zhǐ)、羽四声骨干组成的，这可能与古代帝王祭祀天地、祖先及朝贺、宴飨等大典时所用的乐舞——雅乐常用这四种调式有关。古代贵族十分看重音乐的作用，武王伐商，出征、布阵、发令的时候，都要根据宫声，然后配合角、徵、羽声的音律。

西周编钟虽然只有四声音律，但与它合奏的管弦乐器是有五声或七声音律的。当时宗庙举行祭祀、行礼等仪式所奏的雅乐，是以钟、磬、鼓等打击乐器为主，并以管弦乐器伴奏的，用以制造庄严隆重的气氛。

钟乐齐鸣成了中华音乐文化和太平盛世的一个象征。

>>>阅读指南

　　李纯一：《先秦音乐史》。人民音乐出版社，2005 年 7 月。

　　王清雷：《西周乐悬制度的音乐考古学研究》。文物出版社，2007 年 5 月。

>>>寻踪觅迹

　　北京保利艺术博物馆、陕西历史博物馆、上海博物馆、山西博物院等都收藏有西周编钟。

68. 医从巫出

夏、商、周时，人们普遍认为生病是由于鬼神作怪，于是就以巫师充当人鬼之间的中介，寄希望于巫术来安抚鬼神，达到消除疾病的目的。陕西周原遗址出土了一个蚌雕人头像，鼻梁隆起，深目闭口，头上似戴一平顶高冠，冠顶刻有一个"巫"字，面目表情严肃专注，俨然一个巫师形象。

《左传·成公十年》记载——

晋景公梦见一个大鬼。大鬼头发披散到地上，用手拍着胸膛跳跃着对景公说："你杀了我的子孙太不应该，我已经向上帝告你了。"说完就捣毁大门冲了进来。景公躲进内室，大鬼又毁坏寝室的门追来。景公被吓醒了，赶紧派人去请巫师来卜吉凶。

巫师占卜的结果与景公梦见的相同。景公就问："这究竟预示什么吉凶呢？"巫师回答："君王将吃不到新麦子了。"景公从此病势加重，又派人到秦国去请医生。

可是医生还没到，景公又做了一个梦，梦见他身上的病魔已经变成了两个童子。那两个童子正在谈论："秦医是一位名医，恐怕要伤害到我俩，怎样才能

虎食人卣

商代晚期。出土于湖南安化、宁乡交界处，共有两件，分别藏于法国巴黎市立东方美术馆和日本泉屋博物馆。踞虎与人相抱，张口欲食人首，其寓意有威吓、沟通天地、神性、避邪等说法，总之应与巫术思想有关。

>>>阅读指南

宋镇豪：《夏商社会生活史》（增订本）。中国社会科学出版社，2005年10月。

何燕：《图说中医》。华文出版社，2009年8月。

逃避他呢?"其中一个童子说:"我们最好是躲到肓(huāng)的上面、膏的下面,秦医就没办法了。"

秦医来后,查看了景公的病情,说:"君王的病已不可治,因为病是在肓之上膏之下,无论是服药还是针灸都达不到那里。"景公一听又与自己的梦合,赞秦医是名医。

到了同年六月丙午这天,景公想吃新麦,就叫人献上新麦。这时景公把巫师叫来,拿煮好的新麦给他看,以欺君之罪把他杀了。岂料正当景公要吃新麦时,突然感到肚子发胀,于是赶紧上厕所,却一不小心掉到粪坑里淹死了。

巫本是原始的鬼神崇拜的直接产物,对幻想中的病魔恶鬼的颂祷或诅咒构成巫医行为的核心。商族人除视疾病为鬼神作祟外,还把它看作上帝对下界的降警,因而充当人鬼中介的巫就上升为上帝与人间意识交流的特殊人物。在这种氛围下,商王也可以行巫,武丁就是一个典型。他既能自己充当巫师去除病祟,又曾为鬼巫逐赶疫鬼,还能为众多的朝臣、王妃、儿女或其他贵族判断病象,分析病因病症,用巫术行医。

上古时期,巫、医不分,巫与医都可以除疾病,故医字从巫。中华医药的产生与夏、商、周时的巫术有密不可分的联系。巫、医一家,但医却从巫出,逐渐形成中华医药的体系。

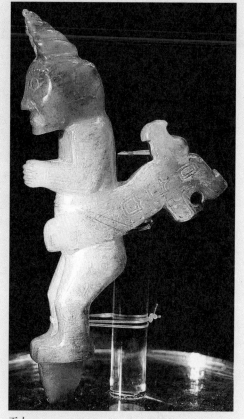

玉人

山西曲沃县北赵村西周晋侯墓出土,充满神秘之感。山西博物院藏。

巫师之所以能为患者去除疾病,是由于巫师作医时含有一些合理的医疗术,服药就是一种。远古时就有神农"尝味百药"的传说。商代明确可作药用的植物已有不少,如桃核和去壳的桃仁、枣、草木樨(xǐ)、大麻籽等。武丁曾说如果服药后感觉不到头晕目眩的药物反应,病就好不了。由于这个原因,夏商时期许多巫医"皆操不死之药"。《周礼·天官》中多次提到五药,即草、木、虫、

铜面具

北京琉璃河西周燕国墓地出土。商周时代青铜面具多有出土，专家认为它是巫术风气的体现。

石、谷五类药物。河北藁(gǎo)城台西商代遗址曾在三座房址中发现装有药用植物的果实或种子，是中国目前发现的最早的医药实物，距今已有 3400 多年的历史了。

针砭(biān)及外科手术又是一种。针砭就是用针扎皮肉治病。这种针疗器具可以是石，也可以是竹、骨、牙等。商代的针砭医疗器具多有出土，台西商代遗址曾出土砭石三件，长度在 20 厘米左右，均拱背凹刃，形似镰刀，可用于切破痈(yōng)肿，排除淤血。台西出土的石质砭镰是目前发现的世界上最早的手术刀。

汤剂医病也是一种，就是用水煮药为人治病。据说这是商代右相伊尹创制的。

草药、砭石、汤剂都是中华医药的基本元素，也是中华文化的精粹。

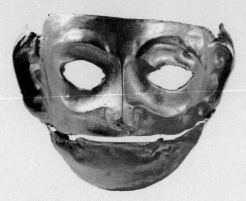

黄金面具

四川成都金沙遗址出土。专家认为这种黄金面具是巫师在主持祭祀仪式时佩戴的。

>>>寻踪觅迹

中国医史博物馆 位于北京市东城区中国中医研究院内。展出医药文物珍品 3000 多件，系统、全面地展现了中国医药学的起源、形成、发展历程与辉煌成就。

69.中餐的源头活水

妇好汽柱甑

河南安阳殷墟妇好墓出土。这是迄今发现的最早的汽蒸铜锅。河南博物院藏。

孔子曾经对饮食文化发表过看法。他对学生说："食不厌精，脍不厌细。"意思是粮食不嫌舂（chōng）得精，鱼肉不嫌切得细。他主张：粮食久置发臭，鱼和肉腐烂，不吃；食物颜色难看，不吃；气味难闻，不吃；烹调不当，不吃；不到该吃食的时候，不吃；不是按一定方法砍割的肉，不吃；没有调味的酱料，不吃。他还说：席上的肉虽然多，但吃它不能超过主食；只有酒不必限量，但不能喝醉；买来的酒和肉干，不吃；每餐必有姜，但不多吃。

孔子所言说明中餐自成体系，魅力无限。那么，中餐文化的源头在哪里呢？

夏代主食粟类谷物，商代以黍、稷为主食，麦子也成为重要的食物。周代的主食已多元化，有粱、秫、粟、黍、稻等，但粟为最重要的主食。

主食的吃法有五种：一是将谷物煮或蒸成饭吃；二是将谷物煮成稀饭吃；三是把肉或菜与米粉和匀后做成饼煎或煮成羹吃；四是把谷物炒熟吃，或成粉状，或成粒状；五是

兽面纹鬲鼎

江西新干县大洋洲商墓出土。鬲鼎也称为分裆鼎，是鬲和鼎的混合体。鬲和鼎都是古代的饪食器和礼器。江西省博物馆藏。

将稻米或黍捣成粉，做成饼或团子蒸食。

副食丰富多样，烹饪有燔（fán）、炙、炮、羹四种方法。燔就是把食物直接放在火上烧，炙是把食物架在火上近火烤，炮是把食物用草泥包裹后放在文火中煨，羹就是以肉类配以调料煮成浓汤。

夏商时已用盐、梅、酒作调味品，周代时酸、苦、辛、咸、甘五味已俱全。盐已成为基本的调味品，豆豉是最早酿造的咸调味品，梅是最早用于烹饪的酸味调味品，醯（xī）是最初的醋，姜是常用的辛

三联铜甗（yǎn）

河南安阳殷墟妇好墓出土。甗是古代的炊具，分为上下两部分：上部为甑，盛放食物，下部为鬲，用以盛水，甑底有带孔的箅（bì）以通蒸汽。这件商代巨型炊蒸器，鬲身长如方案，上置三甑，可同时蒸煮几种食物，可谓后世多眼灶之鼻祖。

味调味品，酒从周代开始用于烹饪，蜂蜜从周代开始作为甘味调味品。正如《荀子·礼论》所说："五味调香，所以养口也。"

以粮食为主食，副食丰富多样，五味调香，构成了中餐文化最早的饮食元素。

>>>阅读指南

王仁湘：《往古的滋味——中国饮食的历史与文化》。山东画报出版社，2006年4月。

王明德、王子辉：《中国古代饮食》。陕西人民出版社，2002年9月。

>>>寻踪觅迹

大洋洲商代青铜博物馆　陈列江西新干县大洋洲商代大墓出土的两千多件文物，其中青铜器400余件，有鼎、鬲、甗、簋、豆等食器和壶、卣、罍（léi）、瓿、瓒（zàn）等酒器，器物组合表现出重食的特点。

兽面纹分裆圆肩青铜鬲（lì）

江西新干县大洋洲商墓出土。鬲是烹煮肉类和谷类的器具，其重要特征是有三个袋形腹，主要是为了扩大受火面积，快速煮熟食物。青铜鬲始见于商代早期，商晚期后实用功能逐渐减弱，更多地成为礼器。江西省博物馆藏。

70. 从抓食到用筷子

铜匕
商代开始出现，主要用于取捞食物。

羽纹斗
陕西扶风县庄白村西周窖藏出土。斗也称枓或勺，流行于西周时期，是一种挹酒或取食器。

吃饭工具，中国人用筷子，西方人用刀叉，这是当代人的常识。其实中国人并不是一开始就用筷子吃饭的。

夏、商、周时，人们最早的进食方式是用手抓食。

陕西绥德县出土的有"飨"字的铜钺
陕西历史博物馆藏。

陕西绥德县出土的一件铜钺上有"飨"字，像二人膝隐地，跪着对食，一人正伸手抓食的形象示意。

渐渐地，人们开始使用匕、勺、匙类取食物或捞取羹食。商代开始出现筷子，当时称为箸(zhù)。《韩非子·喻老》中就有商纣王用贵重的象牙做筷子进食的记载。殷墟出土过三双铜箸。

筷子刚出现时只是用来夹菜的，吃饭还是用手抓，直到汉代才普遍用筷子吃饭。小而简单的筷子成了中华文化的一个重要代表。

>>>阅读指南

刘云、朱碇欧：《筷子》。百花文艺出版社，2007年9月。

周新华：《调鼎集——中华古代饮食器具文化》。杭州出版社，2005年3月。

>>>寻踪觅迹

辽宁旅顺博物馆　有专门的箸文化展室，收藏中国历代箸文化文物361组和古今筷子1000多双。

71. 中华建筑的风起

《诗经·大雅·绵》生动地叙述了周族先祖古公亶父率族人营建房屋的场景和过程。

古公亶父，……………	古公亶父要安家，	
来朝走马。……………	一大清早骑着马。	
率西水浒，……………	沿着西边漆水岸，	
至于岐下。……………	东行来到岐山下。	
爰(yuán)及姜女，……	他和妻子姜氏女，	
聿(yù)来胥宇。……	为建住房来勘察。	
周原膴(wǔ)膴，…………	周原土地真肥沃，	
堇(jǐn)荼如饴。………	堇菜苦菜甜如糖。	
爰始爰谋，……………	认真规划细商量，	
爰契我龟。……………	刻龟占卜问吉祥。	
曰止曰时，……………	神说此处可定居，	
筑室于兹。……………	就在这里建住房。	
乃慰乃止，……………	安心定居在这里，	
乃左乃右。……………	左右方向分仔细。	
乃疆乃理，……………	疆界区域规划好，	
乃宣乃亩。……………	疏通沟渠治田地。	
自西徂(cú)东，………	从西到东分阡陌，	
周爰执事。……………	都为家园卖力气。	
乃召司空，……………	召来司空来研究，	
乃召司徒，……………	又叫司徒来商议，	
俾(bǐ)立室家。………	命令他们建房屋。	
其绳则直，……………	施工墨绳直又正，	
缩版以载，……………	束好夹板筑墙壁，	
作庙翼翼。……………	建成宗庙很庄严。	

青铜建筑饰件

河南郑州小双桥遗址出土，河南博物院藏。

捄(jū)之陾(réng)陾，⋯ 挖土装筐人纷纷，
度之薨(hōng)薨。⋯⋯⋯ 板中填土响轰轰。
筑之登登，⋯⋯⋯⋯ 用力夯墙声登登，
削屡冯冯。⋯⋯⋯⋯ 将墙削平声平平。
百堵皆兴，⋯⋯⋯⋯ 百堵高墙都筑起，
鼛(gāo)鼓弗胜。⋯⋯⋯ 大鼓齐擂声势壮。
乃立皋门，⋯⋯⋯⋯ 王城郭门已兴建，
皋门有伉(kàng)。⋯⋯ 郭门耸立上云天。
乃立应门，⋯⋯⋯⋯ 王宫正门也建好，
应门将将。⋯⋯⋯⋯ 正门堂皇又庄严。
乃立冢土，⋯⋯⋯⋯ 筑起土来建社坛，
戎丑攸行。⋯⋯⋯⋯ 大众有事把祭行。

夏、商、周建造房屋前，要先挖去表土和杂积物，露出原生土，然后将低洼部分

刖(yuè)人守门方鼎

西周中期。陕西扶风县庄白村出土。表现出了当时建筑
的局部形象，如门、勾栏等。陕西周原博物馆藏。

错金银四龙四凤铜方案
战国中期。河北平山县战国中山王墓出土。其承托案面的斗拱结构，是最早的斗拱实物遗存。河北省博物馆藏。

填平，垫土形成基础面，夯实后再铺垫鹅卵石。在建筑风格中，最有代表性的是版筑和斗拱。

夏、商、周房屋的墙体最早用的是木骨泥墙，即用树木搭成屋架，用草拌泥涂墙而成。后来版筑之法渐兴，此法先用绳拉直，在两端竖木桩固定，两边安上木板，装土夯实。一版筑实，再层层加高。夯土用的木锤俗称杵。这种筑墙方法在民间广为流传，直到现在一些农村还在使用。

木构屋顶在商周已开始流行，甲骨文中的"房"字、"宅"字的形象均是木构屋顶。周代出现了独具特色的斗拱，并作为中国建筑的一种特有结构，一直流传至今，成为中华建筑文化的代表。

>>>阅读指南
刘叙杰主编：《中国古代建筑史·原始社会夏商周秦汉建筑》。中国建筑工业出版社，2008年3月。
韩欣：《中国古代建筑艺术》。辽宁大学出版社，2009年9月。

>>>寻踪觅迹
二里头宫殿建筑遗址 河南偃师市二里头村发现我国最早的宫殿建筑群，现建有复原建筑。
殷墟宫殿建筑遗址 河南安阳殷墟是商朝后期的都城遗址，发现有54座王宫建筑基址，现建有复原建筑。
凤雏、召陈周代建筑遗址 陕西岐山县与扶风县之间的周原是周朝的发祥地和早期都城遗址。岐山宫殿遗址是中国已知最早、最完整的四合院。

72. 万物有灵的鬼魂观

西周玉覆面

流行于西周至汉代。它用各种玉料对应人的五官及面部其他特征制成饰片，缀饰于纺织品上，用于殓葬时覆盖在死者面部。古人认为玉可以保证尸体不腐烂并防止灵魂出窍。上海博物馆藏。

世上本无鬼魂，但中华民族的先民们却相信有鬼魂。

《墨子·明鬼》有这样一个故事——

周宣王杀了他的臣子杜伯，而杜伯没有罪过。杜伯说："我的君王杀了我，我是无罪的。假如死者无知，那就算了；如果死者有知，不出三年，我必定要让君王知道报应。"

杜伯死后的第三年，周宣王集合诸侯们一起打猎，猎车数百辆，随从数千人布满山野。太阳当顶时，杜伯出现了。杜伯乘坐白马素车，穿着红色的衣服，戴着红帽子，手握红弓，挟着红箭，追赶周宣王。杜伯的箭射中了宣王的心脏，宣王折了脊骨，倒毙在车内。诸侯和跟从的人都看见了这个过程，站得远的也听说了。

周代鲁国史《春秋》记载了这件事。君王常以此教育臣下，父亲常以此警告儿子："警戒呀！谨慎呀！凡是杀害无罪的人，必定得到不祥的后果。鬼神对他的惩罚是如此惨痛快速呀！"

>>>阅读指南

马书田：《中国鬼神》。团结出版社，2007年1月。

王溢嘉：《中国人的心灵图谱——魂魄》。广西师范大学出版社，2007年1月。

这个故事与夏、商、周时代的鬼魂观有关。那时人们普遍认为世上万物都有"命"，其中万物死去称为"折"，人死称为"鬼"。人们相信，人死后肉体虽灭，但鬼魂犹存。

鬼魂有善恶之分，善者可居住在家族墓地，恶者则只能藏匿于川泽山林等阴暗之处。商代甲骨卜辞中认为性善的鬼魂不会祸害人，性恶的鬼魂则相反。

西周人相信鬼魂有超人的能力，能变化形态，并在暗中起作用，或庇佑好人好事，或作祟坏人坏事，而活人无法事先觉察。因此，人们普遍相信，在世时有益于人者，死后一般也会成为善

西周神面卣

传出土于陕西扶风县。器盖和器身前后两面都铸有一张威严夸张的神面，并装饰有猫头鹰、枭、貘、象、蛇等动物，情态怪异，表现了古人对鬼神的畏惧与虔敬。北京保利艺术博物馆藏。

鬼；在世时有恶迹者，死后会变成害人的恶鬼。这种具有人性的鬼魂观大大加强了中华民族先民的宗教观念，一直在民间流传，影响深远。

>>> 寻踪觅迹

重庆丰都鬼城 中国目前最大的鬼神文化人文景观。根据道、佛、儒教的学说，仿阳间司法体系，营造了一个等级森严、形象逼真的"阴曹地府"。鬼城庙会、阴天子娶亲、城隍出巡、钟馗嫁妹、鬼国乐舞等民俗表演也惊奇谐趣。

重庆大足石刻 建造于唐末宋初，现存一百多处摩崖石刻，有造像五万余尊，以北山和宝顶山摩崖造像最为著名，其中有多组反映古人生死观和鬼魂观的石刻造像。

四川广汉三星堆遗址出土了大量造型各异、充满神秘气息的青铜面具

世界上许多民族都认为面具是神灵、精灵寄居之所。中华民族的祖先们也认为面具能"存亡者魂气"，戴上面具，就可以招引祖先亡灵及神的降临。

73. 谁可以成为祖先神

夫簋

西周厉王所作之器。铸于厉王十二年，是西周最大的簋。铭文是周厉王为祭祀祖先所作的一篇祝词，大意是说自己在昼夜尽心经营先王的事业，祈求祖先保佑周室、王位和他自身。陕西扶风县齐村出土，扶风县博物馆藏。

在人们对鬼魂普遍存在的迷信氛围中，与活人有血缘关系的鬼魂被当作保护本族和家庭的神秘力量受到崇拜，从而成为祖先神。

按商、周的俗见，只有创业有功者和德高有威者才可成为祖先神。《礼记·祭法》说：圣王制定祭祀的制度，把法度贯彻到民众中去的就祭祀他，以死殉职的就祭祀他，有安邦定国功勋的就祭祀他，能抵御大灾害的就祭祀他，能保卫民众不受苦的就祭祀他。

炎帝神农氏执掌天下时，他的儿子叫农，能种植各种庄稼。而后，周人弃又继承了农的事业，因此农和弃就被尊为稷神而受到祭祀。共工氏的儿子后土能够治理九州，被尊为社神受到祭祀。帝喾(kù)能观星辰、定历法，使民众按节令从事农畜活动；尧能公平地赏罚，最后又让位给舜；舜勤于民众之事而死在野外；鲧堵塞洪水未成功而被诛杀，禹能继承父亲的事业又改正错误；契为司徒，教化民众得以成功；冥致力水利而溺水殉职；汤用宽厚的政策治理

>>>阅读指南

刘源：《商周祭祖礼研究》。商务印书馆，2004年10月。

傅亚庶：《中国上古祭祀文化》。高等教育出版社，2007年11月。

西周牛尊
陕西岐山县贺家村出土。古代祭祀社稷祖先神最高规格的祭品是牛、羊、猪"三牲"齐备，称为"太牢"。牺牲只有羊、猪而没有牛的，称为"少牢"。祭祀者和祭祀对象不同，所用牺牲的规格也有所区别，如天子祭祀社稷用太牢，诸侯祭祀用少牢。陕西历史博物馆藏。

民众，革除夏桀的暴虐；文王用礼乐文教来治埋民众；武王用武力除去民众的灾祸……这些被尊为祖先神的人物都是对人民有功劳勋业的，可见祖先神不是历史传说中强有力的人物，就是建国元勋。

西周对祖先神的祭祀规定：天子每五年举行一次帝祭，祭祀天子的始祖；诸侯可举行祫祭，祭祀最初封国的太祖；大夫和士要经过国君的同意，才能举行对高祖的祫祭。

这种祖先崇拜的信仰文化，沉淀在中华文化之中，千百年来一直在民间流行。

>>>寻踪觅迹
　河南新郑始祖山　古称具茨山，是轩辕黄帝屯兵驯兽、访仙问道、统一天下的根据地，轩辕庙、嫘祖宫、推策台等黄帝文化遗迹遍布山野。
　嫘祖庙、嫘祖陵　传说嫘祖诞生于5000年前的古西陵国，即今四川盐亭县金鸡镇青龙山，这里有大量蚕桑文物、化石、嫘祖文化遗迹，有嫘祖陵和供奉嫘祖的祖庙。湖北宜昌长江西陵峡口的西陵山上也有嫘祖庙。

兴簋
西周懿孝时期。陕西扶风县庄白村出土。共出土八件，形制、大小、铭文相同，主要记述先祖们掌管王室威仪，兢兢业业，特铸此簋以享祀神祇，祈求多福。陕西历史博物馆藏。

74. 宗庙——祖先神的住所

崇拜祖先神的中华民族先民们是不能让祖先风餐露宿在野外的，他们为祖先神修建了住所，也就是供奉祖先神牌位的地方，称为宗庙。一般同姓者有共同的宗庙，同宗者有共同的祖庙，同族者有共同的祢(nǐ)庙，也称父庙或考庙。

商族立于宗庙的先王神主，称为"示"。示有大小之别，大示是直系先王，小示包括旁系先王。大示常用牛牲，小示常用羊牲。宗庙在甲骨卜辞中有不同的名称，如宗、升、家、室、亚等。

周族特别重视宗庙的建筑，有"君子将营宫室，宗庙为先、居室为后"的风习。在陕西岐山县凤雏村发现的西周

易县三勾兵
又名商代鸟纹三戈，传河北保定或易县出土，系北方侯国祭祀用器。铭文记载祖、父、兄各世庙号，对研究商代宗法制度以及亲属称谓具有重要价值。辽宁省博物馆藏。

西周追簋
铭文记载一个叫追的人作此簋用来祭奠祖先。故宫博物院藏。

>>>阅读指南
郭善兵：《中国古代帝王宗庙礼制研究》。人民出版社，2007 年 8 月。
刘黎明：《中国血缘亲族习俗——祠堂、灵牌、家谱》。四川人民出版社，2009年 7 月。

珊生簋

西周晚期。传出土于陕西。是珊生为其祖先制作的宗庙祭祀青铜器。铭文记述珊生在一次田地狱讼中得到本宗族宗主的庇护，达到了多占田地的目的。中国国家博物馆藏。

王作左守鼎

西周中期。鼎内壁有铭文"王乍""彝，左守"。"王乍"明确它是周王所作之器；"彝"字在甲骨文及青铜器铭文中呈双手反缚的人牲祭祀祖先神灵之形，是宗庙常器，有鼎、簋、簠、盘等；"左守"表示祭器置于宗庙的位置。北京保利艺术博物馆藏。

宗庙建筑遗址，以影壁（古称"屏"）、门道和后院过廊为中轴线，东西配置厢房八间，并有回廊相连接，形成一个前后两进、东西对称的封闭式院落。

周族宗庙内安置着代表祖先的"木主"。崇拜祖先，是因为他们觉得祖先能保佑后代，所以在做某事之前要向祖先请示报告，叫作"告庙"，如果事成，也要告庙。宗庙还是举行重大典礼的地方，重大决定也要在这里宣布。周代这种祖先神崇拜的宗庙文化，为中华民族的宗族观念奠定了深厚基础。

>>>寻踪觅迹

中华三祖堂 位于河北涿鹿县，为纪念中华始祖黄帝、炎帝和蚩尤之所。

山东曲阜孔庙 是祭祀古代思想家、政治家、教育家孔子的庙宇，也是全世界孔氏的总宗祠。初建于公元前478年，以孔子的故居为庙，依皇宫的规格而建，是中国三大古建筑群之一和第二大碑林，保存了众多文物古迹。曲阜孔庙、孔府（孔子嫡长孙世袭的府第）、孔林（古代孔氏家族墓地）被列入世界文化遗产名录。

75. 姓名的来历

中华姓氏源流树状示意图（苏西亚绘制）

中华民族的先民从原始时代起就把具有血缘关系的世系同族的称号称为"姓"，这个字从"女"、从"生"，表明同姓的人都是同一位母亲的后代，姓正是母系氏族社会——母血缘集团的标记，具有"别婚姻"、"明世系"的作用。

周代取姓的方法，有的以居住地为姓，如西门、百里、东郭等；有的以封国为姓，如齐、楚、燕、卫、宋、郑、曹等；有的以所从事的百工百业为姓，如陶、繁、巫、卜等；有的以官爵为姓，如司徒、司马等；有的以族号为姓，如姬、姚、姜、嬴等。

夏、商、周作为三个朝代三个主要民族的族名，成为后世大姓。

这种取姓之俗延绵不绝，形成亮丽的中华姓文化风景线。

人有了姓，还有名。汉字的"名"，从"口"、从"夕"。从这个字的结构和字义分析，是说一片冥暗，不辨人形，二人相遇却不知对方是谁，于是其中一个

彩绘人身生肖俑

唐代。西安郊区出土。生肖也称属相，用12种动物代表年份，一轮周期为12年，每年都有一种动物作为生肖。十二生肖与十二地支相对应：子—鼠、丑—牛、寅—虎、卯—兔、辰—龙、巳—蛇、午—马、未—羊、申—猴、酉—鸡、戌—狗、亥—猪，是中国古老的纪年法，也是民间一种计算年龄的方法。按照十二属相给孩子命名是中国特有的文化现象。陕西历史博物馆藏。

便以口自名，说出标志自己的符号。这个符号就是人名。

夏、商时期的历法采用的是干支纪日法，其中的"干"即天干，有十个，即甲、乙、丙、丁、戊（wù）、己（jǐ）、庚、辛、壬（rén）、癸（guǐ），所以当时人们就以天干入名，称为"日名"。在甲骨文中，"康"就是"庚"，所以太康、仲康、少康就是太庚、仲庚、少庚，这些夏王都是日名。以天干为名的夏王还有孔甲、胤（yìn）甲、履癸（即夏桀）。商王从大乙（汤）到帝辛（纣王）诸王也均以天干取名。当时一般取两字名或一字名，但先秦以前以一字名为主。这种命名形式一直延续至今。

西周时，小孩生下来三个月就可由父亲命名了。人们对取名非常重视，看

> **>>>小贴士**
>
> **天干地支**　简称干支。在中国古代的历法中，甲、乙、丙、丁、戊、己、庚、辛、壬、癸被称为十天干，子、丑、寅（yín）、卯（mǎo）、辰、巳（sì）、午、未、申、酉（yǒu）、戌（xū）、亥叫十二地支。十干和十二支依次相配，组成六十甲子，按固定的顺序循环使用，用以纪年、纪月、纪日、纪时。

> **>>>阅读指南**
>
> 何光岳：《中华姓氏源流史》。湖南教育出版社，2003年9月。
>
> 陈建魁：《中国姓氏文化》。中原农民出版社，2008年1月。

日己觥

西周中期。陕西扶风县齐家村西周窖藏出土。器、盖同铭，记天氏为亡父日己铸造祭器，庇护子孙万代。从商周青铜器铭文中，我们可以了解当时国名、族名和人名的起名方式，有些则一直流传下来，成为今天中国人的姓与名。陕西历史博物馆藏。

伯戎饮壶

西周穆王时期。陕西扶风县出土。内底铭文记一个名叫伯戎的人作此壶。陕西历史博物馆藏。

得很神圣，甚至把命名纳入礼法，形成制度。《左传·桓公六年》记载了五条俗规：一是信，"以名生为信"，即以婴儿出生时的情况取名；二是义，"以德命为义"，即用表示德行、祥瑞的字取名；三是象，"以类命为象"，即根据婴儿的外貌长相取名；四是假，"取于物为假"，即借用有灵性的事物名称取名；五是类，"取于父为类"，即根据父辈值得夸耀、纪念之处来取名。

同时，取名还有禁忌，即不能用国名、官名、山川名、疾病名、牲畜名、器物名。取名避讳之俗由此而兴。

西周形成的这种取名风俗，与姓氏文化结合在一起，成为中华文化的重要内容。

>>>寻踪觅迹

客家祖地福建宁化石壁村 在历代社会巨变之时，先后曾有100多个中原姓氏移民于此生存栖息，并由此向东南沿海和海外繁衍。客家各姓氏族谱多把从此地外迁的第一祖先尊为家族始祖，这里遂成客家民系的朝宗圣地。

珠玑巷 宋代古巷道，位于广东南雄市城北的梅关古驿道上。唐宋年间，这里便成为岭南诸姓杂居的繁荣集镇。北宋中后期至元代初期的200多年间，153个姓氏分130多次由这里迁居珠江三角洲及海外。这些人及其后裔把这里当作"祖宗故居"，先后建立了许多家祠和祖居牌坊，成为海内外珠玑巷后裔寻根问祖之地。

76. 周公制礼作乐

中国是文明古国，素称礼仪之邦。那么，礼是怎么制定出来的呢？

古代有个笑话，说有一个女子出嫁时，因依恋父母而不愿离家，便问其母女儿为什么要嫁人。母答："这是周公制礼时规定的。"于是女儿说："我真想杀了那个周公。"等到结婚三日后回家省亲，女儿又问母亲周公在哪里。母亲反问："你找他干什么？"女儿答："我想给他做双鞋。"这个笑话说明，"周公制礼作乐"是中国古代人们经久传诵的故事。

周公制礼作乐的目的是为了周王朝的长治久安。周公认为，商朝亡国的原因在于"失德"，以暴力与刑罚作为统治手段，得不到上天的保佑，也失去了民心。周王朝吸取商亡的经验教训，实行文治，"慎罚明德"，推行礼乐教化，使百姓"乐其业，乐其都邑，乐其政令"。

周公所制的周礼是在总结继承夏礼、

休簋

西周晚期。山西曲沃县北赵村出土。一套四件，形制、纹饰均相同。按照商周礼制，簋以偶数与奇数的列鼎配合使用，标志身份地位的高低，天子用九鼎八簋，诸侯用七鼎六簋，卿大夫用五鼎四簋，士用三鼎二簋。山西博物院藏。

殷礼的基础上，把礼关注的重心从神事转向了人事。周礼的体系繁琐而庞大，内容非常广泛，有"经礼三百，曲礼三千"的说法。大到国家的政治制度如宗法制、分封制和国家重大活动，小到个人的日常行为包括婚姻、丧事、成人礼仪、祭祀活动等都有详细规定。一个人从生到死，在社会生活的各个方面都要受到礼的约束。比如：办丧事时禁止谈笑；邻居有丧事或远望灵柩时不许在街巷唱歌；吃饭时不要叹息；听音乐时不要唉声叹气；到别人家串门，如果门外有两双鞋，并且听不到说话声，表明里面的人有私密的事情，就不宜进去，只有听到屋里说话的声音才可以进去；在进别人家门之前，要看门是开着还是关着的，进门之后照样让门开着或关上，如果身后有人，不可把门关严，应该半开半关，以示尊重。周代统治者力图使国家制度、社会制度和人们的生活及思想，都符合礼的要求，做事以礼为准则。

周礼中还包括乐。乐是贵族在礼仪活动中使用的舞乐，有严格的等级规定。当时不管是祭祀活动、出兵征伐还是其他典礼，都有隆重的仪式，都要配以不同的乐舞。周代雅乐舞蹈的主要内容是"六大舞"，也称"六代舞"，代表六个朝代。为首的据传是起自黄帝的《云门》，其次是尧帝传下的《大章》、舜帝的《大韶》、夏禹的《大夏》、商汤的《大濩(huò)》，然后是反映武王伐纣功绩的《大武》。

《云门》的内容据说是歌颂黄帝创制万物，团聚万民，盛德就像天上的祥云一般。传说黄帝受天命治理天下时，天上有祥云出现，因此以云记事，以云命官。还有的说是由于黄帝功德普照天下，天之所生，地之所载，世间万物没有不受到他的恩泽的，因此这个乐舞也叫《咸池》，"咸池"也就是"咸施"。唐人司马贞认为，咸池是西宫星名，主五谷，

青铜镈(bó)

陕西眉县杨家村西周窖藏出土。共包括青铜镈在内的青铜乐器13件：云雷纹钟2件，遂钟4件，窃曲纹钟4件，编镈3件。礼乐之盛可见一斑。

与农作物的丰歉有关。根据这些说法推测，《云门》原是黄帝族群祭祀云的一种图腾舞，后又用来讴歌黄帝的功德，作为祭祖和祈求丰收的祭祀舞蹈。

尧乐《大章》又名《大咸》，相传是歌颂尧帝仁德如天，智慧若神，百姓依附他就像依附太阳、敬仰祥云一般。"大章"意思是尧帝之德足以彰明天下。这部乐舞可能是尧帝族群祭祀太阳神的一种原始舞蹈。

舜乐《大韶》简称《韶》，是六乐中最著名的一部，据说孔子在春秋末年还曾见过。传说这个乐舞的创制者是一只脚的怪兽"夔（kuí）"，内容是歌颂舜帝继承并发扬光大尧的功德，其表现形式是用石块敲石磬、手拍石磬，以音乐感染凤凰来舞，感动百兽也相随起舞，征兆吉祥，天下升平。

夏乐《大夏》又称《夏龠（yuè）》，是歌颂夏禹治水造福人民的乐舞。龠即排箫。后来的"文舞"左手执龠、右手秉翟（dí，古代乐舞用的野鸡羽毛）就是

鲁侯熙鬲
西周早期。陕西宝鸡斗鸡台出土。鲁侯熙为周公孙子鲁炀公熙。美国波士顿美术博物馆藏。

>>>阅读指南
杨天宇：《周礼译注》。上海古籍出版社，2007年1月。
冯绍霆：《周礼——远古的理想》。上海古籍出版社，2010年9月。

在这种舞蹈的基础上发展的。

商乐《大濩》相传为商大臣伊尹所作，是歌颂商汤伐夏桀的乐舞。

周乐《大武》是武王伐纣胜利后由周公创编的，内容是表现武王克商的丰功伟业。据春秋时孔子所见，这个乐舞开始时先有一段长长的鼓声作引子，舞者（战士）持兵器屹立待命。接着是六段舞蹈：第一段舞队由北边上场，描写出兵的情形；第二段表现灭商；第三段继续向南进军；第四段表现平定南部边疆；第五段舞队分列，表示周公、召公

鲁侯尊

西周康王器。铭文记载鲁侯伐东国，此时的鲁侯应为周公的子或孙。上海博物馆藏。

队32人，士的舞队16人。这样，阶层不同，使用舞队的人数也不同。此外，对乐器的使用和搭配也有严格规定，如祭天神，奏声调最宏大响亮的黄钟律，唱庄严、正大、高妙、和谐的大吕律，跳规格最高的云门舞。

周公治民以德，教化以乐，通过"礼"区分等级和贵贱，同时又以"乐"融合上下关系，二者相辅相成，使周朝社会呈现一派祥和景象。

周公所制礼乐是维护统治阶级等级制度的政治准则、道德规范和各项典章制度的总称，虽然有些内容后来发展为区分贵贱尊卑的等级教条，但总体上奠定了中华礼乐文明的基调。

分疆治理；第六段舞队重新集合，列队向武王致敬。

周公对"六大舞"进行整理，规范成一个整体，作为国家的礼制，用于祭祀、庆典等活动。"六大舞"演出仪制、祭祀对象、服饰道具、乐歌宫调和舞者身份、演出场合都有明确的规定。比如舞队的行列，八人为一行，叫一佾(yì)。按周礼，用乐的等级是"天子八佾，诸公六佾，诸侯四佾，士二佾"。即天子的舞队用64人，诸公的舞队48人，诸侯的舞

>>>寻踪觅迹

山东曲阜 在西周初年，周武王封周公于鲁，成王时周公儿子伯禽代父就封，在此建都，共传34世，历时870多年。鲁国是执行和恪守周礼的典范，直到东周"礼崩乐坏"时，周礼仍"尽在鲁矣"。有西周鲁国故城遗址及部分复原建筑、孔庙、孔府、孔林等相关文物古迹。

77. 族际交往的贽见礼

匍鸭形盉

西周穆王时期。河南平顶山市西周应国墓出土。铭文记载应国使者匍出访邢国，邢公派官员会见了他并赠送鹿皮披肩、兽皮和青铜器等礼物，验证了史书"下大夫相见以雁"、"上大夫相见以羔"之说，是研究西周礼仪制度的实物资料。河南博物院藏。

县改(ɡǎi)簋

西周中期。铭文验证了古代"礼云玉帛"的贵族礼制。台北"故宫"藏。

西周时人们非常讲究交际礼节，已经到了"无辞不相接、无礼不相见"的地步。当时贵族初次相见，或者有要事相见，来宾都要按照自己的身份和特定任务，手执一定的礼物，举行规定的相见礼仪。这种见面礼物叫做贽(zhì)或挚。

表面上看，贽见礼好像只是为了礼貌，其实所贽的品级和贽的授受仪式，都体现了宾主的身份以及他们的亲族关系和政治关系。

贽主要有玉、帛、禽三等。一般情况下，高级贵族以玉为贽，有圭、璧等，稍次用帛；次等贵族用禽为贽，有羔（小羊）、雁（鹅）、雉（野鸡）等；女子则以干果和干肉为贽，有榛(zhēn)、脯、枣、栗等。

贽有不同的授予方式。宾客初次相见要执贽而见；男女婚配中的见面、纳采、问名、纳吉、纳征、请期、亲迎都要行不同的贽见礼；高级贵族会见，要

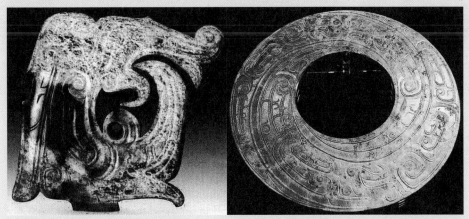

玉器是高级贵族间最主要的贽见礼物
河南三门峡市西周虢国墓出土，虢国博物馆藏。

举行更繁复的授受仪式，觐（jìn）礼是贵族、诸侯间最高的贽见礼。

　　贽授受仪式的地点，按照宾主身份、等级和地位关系而有所不同。隆重的授受仪式在堂上举行。宾主地位对等的，在堂上两楹（厅堂前部的柱子）之间的中心地点举行；如果宾的地位次于主人，则选在中堂之东或者东楹之西，即不在两楹之间的中心地点，而略微偏东，以表示迁就立于东楹之东的主人。礼节较次的，授受仪式则在庭（堂阶前的地坪）上进行。

　　人们一般都亲自授贽。如果是小辈初次见长辈，臣下初次见君上，则将贽安放在地上而不亲授，以表示身份低下。授受仪式后，主人按礼应该把贽还给宾客。高级的贽见礼，如觐见、聘礼，在授受仪式中有执玉、辞玉、受玉、还玉等礼节。小辈初次见长辈，臣下初次见君上，尊长可以受贽而不还，以表示接受其为小辈或臣下。

　　由此可见，贽见礼不仅用来表示来宾的身份及宾主之间的关系，更用来确立族群、亲族和君臣关系，是中华礼仪文化的一部分。

>>>阅读指南
　　陈戌国：《中国礼制史》（先秦卷）。湖南教育出版社，2002年2月。
　　彭林：《中国古代礼仪文明》。中华书局，2004年1月。

>>>寻踪觅迹
　　河南平顶山博物馆　集中收藏和展示当地周代应国贵族墓的出土文物。应国是周武王儿子的封国，中心区域在今平顶山市一带，长达11年的考古发掘，共出土文物一万多件，有铭文的青铜器有200余件，内容涉及大射礼、俯聘礼、帝王庙号、丧服制度等古代礼仪制度。

78. 籍礼——"媚于神而和于民"

三年兴壶
西周孝王时期。陕西扶风县庄白村出土。铭文记载周王在郑地举行飨礼，赏给兴羔组等事。宝鸡青铜器博物院藏。

祖外，还可以布施给穷困的农夫，用于救济，二者结合叫作"媚于神而和于民"。

《国语·周语》记载，周宣王即位时，忽然废止籍礼，大臣王公们赶紧劝谏，向他详细叙述籍礼的仪式及其作用。

举行籍礼，在立春前九天就要开始做准备，由太史先观察天时和土壤的变化，到立春前五天，君主和百官开始斋戒三天。举行籍礼那天，要先举行天子款待诸侯的飨(xiǎng)礼，目的在于分别

十五年趞(què)曹鼎
西周共王时期。铭文记载共王在周新宫的射庐举行大射礼，赏赐给趞曹弓、矢、矛、盾、胄等兵器。上海博物馆藏。

西周的礼仪规定天子、诸侯要亲耕，然后把亲耕的收获用来祭祀，以示对鬼神和祖先的恭敬。天子有籍田千亩，要戴着系有红带的礼帽，亲自拿着耒耜耕作；诸侯有籍田百亩，要戴着系有青带的礼帽，亲自拿着耒耜耕作。籍田的收获除了用来祭奉天地、山川、社稷、先

柞伯簋
河南平顶山市西周应国墓地出土。铭文记录了周康王在都城举行一次大射礼活动的全过程。河南博物院藏。

贵贱、长幼次序。

籍礼仪式的步骤是：首先由"王耕一垡"，即由天子在耕地上第一锹起出土块；然后"班三之"，即公卿百吏依次三倍锹土，如公起土三锹，卿即起土九锹；接着"庶人终于千亩"，就是由百姓把籍田耕完。百姓耕作时，百官要监督检查。

礼毕，要举行宴会，主要礼节是：王歆（xīn）太牢，班尝之，百姓终食。就是先由天子闻一下香味，再由百官尝一下滋味，最后由百姓吃完。宴会后还要举行大射礼。

籍礼作为一种浓重的象征文化沉淀在中华文化中。

>>>阅读指南
魏向东、严安平：《中国的礼制》。中国国际广播出版社，2010年1月。
唐启翠：《礼制文明与神话编码》。南方日报出版社，2010年8月。

>>>寻踪觅迹
北京先农坛 始建于明永乐十八年（1420），是明清两代皇帝祭祀先农诸神和举行籍田典礼的场所。
稷王庙 位于山西稷山县城中心，是奉祀我国农业始祖后稷的庙宇，石雕、木刻、琉璃是其"三绝"。

79. 周族的成人仪式

人形铜车辖上的西周贵族男子

河南洛阳北瑶村出土，洛阳博物馆藏。

西周男子成年时要举行一种加冠礼仪，叫作冠礼。

按周制，男子 20 岁行冠礼，天子和诸侯为了早日执掌国政，大多提早行礼。传说周文王 52 岁才行冠礼，而成王 15 岁就行冠礼了。冠礼每年二月在宗庙内举行。行冠礼前十天，要先卜筮(shì)吉日，

如果十天内无吉日，则筮选下一旬的吉日，然后告知亲友。行冠礼前三天，还要卜筮选定加冠的来宾(正宾)，请他将受冠者的头发聚束于头顶，挽成发髻(jì)。

加冠之日，事先在宗庙阼(zuò)阶(东面的台阶)旁边设置受冠者席，一般嫡(dí)子在阼阶加冠，表示行冠礼后有代父接待宾客的权力，庶子则住房屋外南面加冠。主人要在坐席南面陈列好挽髻梳头用的栉(zhì，篦子)和包束头发用

>>>阅读指南

戴庞海：《先秦冠礼研究》。中州古籍出版社，2009 年 4 月。

王金玲：《图说礼仪》。重庆出版社，2008 年 6 月。

玉立人

陕西韩城市梁代村西周芮国墓出土。身穿阔领斜襟齐肩长袍，发式造型奇特。

玉人
山西曲沃县北赵村西周晋侯墓地出土，山西博物院藏。

玉人龙佩
陕西西安张家坡出土，可以从一个侧面反映西周人的衣冠特点。故宫博物院藏。

辞。祝辞大意是：在这美好吉祥的日子，给你加上成年人的服饰；促成你的品德，造就你成年人的情操；保持威仪，培养美德；祝你万寿无疆，大福大禄。

受冠者随后去拜见母亲和兄弟姐妹，再由正宾为他取字。周代通常按伯、仲、叔、季的排行取字。然后，主人送正宾至宗庙门外，敬酒，以束帛、俪（lí）皮（帛五匹、鹿皮两张）为报酬，另外再馈赠牲肉。

最后，受冠者戴礼帽、穿礼服、带礼品去拜见国君、卿大夫和乡先生（辞官居乡或在乡任教的老人），其父则以酒款待众来宾，分赠礼品。至此，仪式才全部完成。

贵族男子20岁结发加冠后可以娶妻。贵族女子则在15岁举行笄（jī）礼，结发笄。就是把头发在头顶上盘成发髻，插上簪子，以区别童年时的发式，表示已经成人，可以出嫁、结婚了。

的缡（xǐ，布帛）。加冠仪式开始时，受冠者从东房走出来，坐在受冠席上，由正宾为他梳头、挽髻、加簪（zān）、着缡。这样，加冠准备工作才算完毕。

受冠仪式有三个步骤：先加缁（zī）布冠，就是戴上用黑布制成的帽子，表示受冠者从此有"治人"的特权；然后加上由白鹿皮做成的皮弁（biàn，帽子），表示受冠者从此要服兵役；最后加上用细麻布制成的赤黑色爵弁，表示受冠者从此有权参加祭祀。

加冠结束时，由正宾对受冠者读祝

>>>寻踪觅迹
陕西历史博物馆 馆藏文物多达37万余件，辟有周文化展厅。

80. 政治整合的策命礼

毛公鼎
西周宣王时期。清道光年间陕西岐山县出土。有商周铜器最长的铭文(499字)，既是一篇典型的策命文，也是金文书法典范。台北"故宫"藏。

宰兽簋
西周懿王时期。陕西扶风县大同村出土。铭文完整地记录了周王策命宰兽的全过程，是研究西周官吏制度的珍贵资料。陕西历史博物馆藏。

　　在西周的礼仪文化中，最重要的是策命礼，又叫册命礼。凡是王位继承、分封诸侯、任命官职、赏赐或者告诫臣下，都要举行隆重的策命礼。

　　策命礼通常在王宫的大室或者王朝的宗庙举行，偶尔也在臣下的住地举行。所谓大室，是指宫室或宗庙的正殿。行礼时，受策命的人由傧相引导入门，立于中庭，君王则面向南立于东西两阶之间。

　　策命书是预先写好的，由秉册的史官宣读，有时秉册的是一个人，宣读的是另一人。君王当场命令宣读策命，其口头命令也记录到策命书中。策命的命辞，要以"王若曰"起句。策命书详简不一，可长可短，内容通常包括叙述功劳、追述先王与臣下先祖的关系、列举赏赐的实物和官职的项目，以及诫勉受策命的人等。赏赐的实物一般有赤市、朱

师虎簋

西周懿王时期。铸有形式上比较完整的策命铭文，是西周策命铭文的代表。上海博物馆藏。

黄、玄衣之类的服饰品，或者是车马及附件、弓矢等武器，甚至是奴仆、土地或者玉器。

盠(lí)方尊

陕西眉县西周窖藏出土。铭文记载盠受周王策命掌管司徒、司马、司空和西六师、殷八师的军政和屯田等事务，并赐盠衣物、玉佩和车马饰等。这是我国最早记载屯田的文字，是研究西周经济史、军事史的重要实物资料。陕西历史博物馆藏。

举行策命礼，受命者居左，引导者居右。引导者一般称为"傧"或"右"，负责引导受命者接受策命。"右"往往是朝廷的公卿大臣，与受命者存在着上下级和统属关系。策命礼可以说是族群政治整合的礼仪。

>>>阅读指南

孙福喜：《中国古代皇家礼仪》。陕西人民出版社，2004年5月。

杨宽：《西周史》。上海人民出版社，2010年4月。

>>>寻踪觅迹

徐州中国炎黄圣旨博物馆 馆藏百余道圣旨和宝贵翔实的科举资料，包括各级科举试卷甚至考生作弊使用的丝织夹带等。另有圣旨匾、状元书法、楹联匾额以及宫廷、民俗用品等。

索引

古今民族（族群）名称